DAS ULTIM

KALORIENARME BUCH

2 IN 1

100 LEICHTE UND GESUNDE REZEPTE FÜR JEDEN TAG

MORITZ MEIER, MEINRAD LARENZ

Inhaltsverzeichnis

DAS KALORIENARME KOCHBUCH

50 einfache Rezepte für ein kalorienarmes, energiereiches Leben für eine bessere Gesundheit

MORITZ MEIER

Dieses Dokument ist darauf ausgerichtet, genaue und zuverlässige Informationen zum behandelten Thema und Problem zu geben. Der Verkauf der Publikation erfolgt mit dem Gedanken, dass der Verlag keine buchhalterischen, behördlich zugelassenen oder anderweitig qualifizierten Leistungen erbringen muss. Wenn eine rechtliche oder berufliche Beratung erforderlich ist, sollte eine im Beruf praktizierte Person bestellt werden.

Es ist in keiner Weise legal, dieses Dokument in elektronischer oder gedruckter Form zu reproduzieren, zu vervielfältigen oder zu übertragen. Das Aufzeichnen dieser Veröffentlichung ist strengstens untersagt und die Speicherung dieses Dokuments ist ohne schriftliche Genehmigung des Herausgebers nicht gestattet. Alle Rechte vorbehalten.

Warnung Haftungsausschluss, Die Informationen in diesem Buch sind nach unserem besten Wissen wahr und vollständig. Alle Empfehlungen erfolgen ohne Gewähr seitens des Autors oder des Story-Verlags. Der Autor und der Herausgeber lehnen jegliche Haftung im Zusammenhang mit der Verwendung dieser Informationen ab

EINFÜHRUNG

Viele Menschen haben unterschiedliche Ansichten zu einer sehr kalorienarmen Ernährung. Es gibt sowohl diejenigen, die glauben, dass es der effektivste Weg ist, um Gewicht zu verlieren, als auch diejenigen, die es für ungesund halten. Wenn Sie eine solche Diät beginnen möchten, sprechen Sie mit Ihrem Arzt und holen Sie sich alle Informationen, die Sie benötigen. Die folgenden Informationen zu sehr kalorienarmen Diäten können Ihnen den Einstieg in Ihre Forschung erleichtern.

Menschen haben häufig Schwierigkeiten, sich an eine sehr kalorienarme Ernährung zu halten, was ein Problem darstellt. Es ist schwierig, über einen längeren Zeitraum eine Diät mit weniger als 800 Kalorien pro Tag einzuhalten. Menschen, die während einer Diät an Gewicht verloren haben, neigen dazu, es wieder zuzunehmen, sobald sie aufhören, es zu essen. Es ist eine gute Idee, eine Strategie zu entwickeln, um sich gesünder zu ernähren und Ihren Lebensstil langfristig zu ändern. Auf diese Weise können Sie durch eine kalorienarme Ernährung schnell abnehmen und sich dann, anstatt zu Ihren alten Gewohnheiten zurückzukehren, eine modifizierte, noch gesunde Ernährung zu sich nehmen und gleichzeitig regelmäßig Sport treiben.

Die meisten sehr kalorienarmen Diäten enthalten eine vorbereitete Formel, um sicherzustellen, dass Sie innerhalb Ihres Kalorienlimits bleiben, aber es gibt einige natürliche Diäten, die Ihre Kalorien stark einschränken. Eine Rohkostdiät ist eine Option, bei der Sie nur rohe oder unverarbeitete Lebensmittel essen. Da Sie alle verarbeiteten und kalorienreichen Lebensmittel vermeiden, wird eine strenge Rohkostdiät nicht kalorienreich sein.

Abnehmen ist buchstäblich ein Zahlenspiel. Weniger Kalorien zu essen oder Sport zu treiben, um Kalorien zu verbrennen, führt normalerweise zu einem Gewichtsverlust. Ein Pfund Körperfett entspricht 3.500 Kalorien. Um jede Woche 2 Pfund Körpergewicht zu verlieren, müssen Sie daher jede Woche 7.000 Kalorien weniger zu sich nehmen. Das bedeutet, jeden Tag durchschnittlich 1.000 Kalorien weniger zu essen.

Wenn Sie Sport mit einbeziehen, müssen Sie Ihre täglichen Kalorien möglicherweise nicht so stark reduzieren, um Gewicht zu verlieren. Wenn Sie beispielsweise 700 Kalorien einsparen, aber auch täglich trainieren, um 250 Kalorien zu verbrennen, werden Sie immer noch 2 Pfund pro Woche verlieren.

Der Weg zu einer besseren Gesundheit

Wie viele Kalorien sollte ich essen, um abzunehmen?

Sprechen Sie mit Ihrem Arzt darüber, wie viele Kalorien für Sie am besten sind. Sie können eine Vorstellung davon bekommen, wie viele Kalorien Sie basierend auf Gewicht, Alter, Größe und Aktivitätsniveau benötigen.

Wenn Sie viel Gewicht zu verlieren haben, müssen Sie Ihre Kalorien im Laufe der Zeit schrittweise reduzieren. Ärzte und Gewichtsverlustexperten empfehlen im Allgemeinen, dass es an der Zeit ist, Ihr Kalorienziel neu zu berechnen, wenn Sie ein paar Wochen lang nicht abnehmen.

Kalorien zählen

Beim Kalorienzählen ist es wichtig, alles, was Sie essen, zu dokumentieren. Zählen Sie den ganzen Tag über die Kalorien, damit Sie immer wissen, wie viele Kalorien Sie noch haben. Es gibt viele kostenlose Apps, mit denen Sie ganz einfach die Kalorien, die Sie essen, sowie das Wasser, das Sie trinken, nachverfolgen können. Sie können eine finden, die mit iPhone- oder Android-Geräten funktioniert. Oder nehmen Sie sie lieber mit Block und Stift auf. Beides wird funktionieren, solange Sie mit dem Tracking konsistent sind.

Lass Kalorien zählen

Eine kalorienarme Ernährung während des Trainings ist eine der erfolgreichsten Möglichkeiten, Gewicht zu verlieren und zu halten. Auch wenn Sie viel Gewicht zu verlieren haben, versuchen Sie, sich nicht eingeschüchtert zu fühlen. Untersuchungen zeigen, dass eine Gewichtsabnahme von nur 5 % des Körpergewichts positive Auswirkungen auf die Gesundheit haben kann.

Der beste Weg, eine kalorienarme Diät zu befolgen, besteht darin, das Beste aus den Kalorien zu machen, die Sie essen. Nicht alle Kalorien sind gleich. Wenn Sie mit begrenzten Kalorien keine guten Entscheidungen treffen, werden Sie hungrig und gereizt. Dies gilt insbesondere, wenn Sie sich für Junk Food gegenüber echtem Essen entscheiden.

Hier sind einige Tipps, um das Beste aus Ihren Kalorien herauszuholen:

- **Überspringen Sie das Protein nicht.** Versuchen Sie, zu jeder Mahlzeit etwas Protein zu sich zu nehmen. Es hilft Ihnen nicht nur, satt zu bleiben, sondern hilft Ihnen auch, Kalorien zu verbrennen. Forschungsstudien zeigen, dass Protein den Stoffwechsel erhöht (wie schnell Sie Kalorien verbrennen). Es hilft auch, Ihren Appetit zu verringern, weil Sie sich satt fühlen. Es gibt viele Proteinquellen. Versuchen Sie, mageres Fleisch, Eier, Hüttenkäse, Fisch, Nüsse und Hülsenfrüchte (Bohnen, Edamame) zu wählen.
- **Trinke die Kalorien nicht.** Während einer Diät ist kein Getränk wichtiger als Wasser. Wenn du hydratisiert bleibst, kannst du Kalorien verbrennen. Versuchen Sie, alle zuckerhaltigen Getränke wie Limonaden, Fruchtsäfte und Sportgetränke zu vermeiden.

- **Befreien Sie sich von Müll.** Sicher, Sie können ab und zu einem Verlangen nachgeben, aber gewöhnen Sie sich nicht daran. Junk-Food-Kalorien werden auch als leere Kalorien bezeichnet. Dies liegt daran, dass sie nichts tun, um den Körper zu ernähren. Und sie halten es auch nicht lange satt. Es ist besser, wenn Sie sie entfernen können.
- **Achte auf Kohlenhydrate.** Kohlenhydrate gibt es in vielen Formen. Sie kommen in zwei Kategorien: einfach und komplex. Komplexe Kohlenhydrate sind im Allgemeinen gesunde Kohlenhydrate. Dazu gehören Gemüse, Kartoffeln und Vollkornprodukte. Einfache Kohlenhydrate werden oft als raffinierte Kohlenhydrate bezeichnet. Dazu gehören Weißbrot, weißer Reis, Kartoffelchips, Zucker und werden oft in verarbeiteten Lebensmitteln (Fast Food und verpackte Lebensmittel) gefunden. Da Obst Zucker enthält, ist es technisch gesehen ein einfaches Kohlenhydrat, wird aber dennoch als Bestandteil einer gesunden Ernährung angesehen.

Achten Sie auf die Portionsgrößen

Die Portionen sind größer als früher. Und wenn Sie mehr essen, nehmen Sie mehr Kalorien zu sich. Dies kann insbesondere in Restaurants der Fall sein. Aber Sie können immer noch auswärts essen, solange Sie auf die Kalorien achten. Bevor Sie mit dem Essen beginnen, entscheiden Sie sich, die Hälfte des Essens im Restaurant zu essen und die andere Hälfte mit nach Hause zu nehmen. Wenn Sie das Essen auf Ihrem Teller aufteilen, können Sie sehen, wann Sie die Hälfte gegessen haben. Eine andere Möglichkeit besteht darin, eine Mahlzeit zu bestellen und sie mit einem Freund oder Familienmitglied zu teilen, der mit Ihnen isst.

KALORIENARME GERICHTE MIT GEFLÜGELREZEPTE

1. Hähnchenfilet mit Orangen- und Feldsalat

- Zubereitung: 45 Minuten
- Kalorien: 398 kcal

Zutaten

- 3 rote Chilischoten
- 2 Knoblauchzehen
- 1 TL getrockneter Oregano
- 1 TL Paprikapulver
- 1 TL Currypulver
- 6 EL Olivenöl
- 2 EL Weißweinessig

- Salz-
- 4 Hähnchenbrustfilets (je 150 g)
- 4 EL Zitronensaft
- 1 TL Honig
- Pfeffer
- 50 g Babyspinat
- 2 Orangen
- 1 rote Zwiebel
- 250 g Mais (Dose; Abtropfgewicht)

Vorbereitungsschritte

1. Für das Hähnchen 2 Chilischoten längs halbieren, entkernen, waschen und hacken. Knoblauch schälen und fein hacken. Beides mit Oregano, Paprikapulver, Curry, 3 EL Öl und Essig in einen kleinen Topf geben, aufkochen und zugedeckt 4-5 Minuten bei schwacher Hitze köcheln lassen. Anschließend fein pürieren und mit Salz würzen.
2. Hähnchenbrustfilets abspülen, trocken tupfen, mit der Würzsauce bestreichen und zugedeckt 20 Minuten marinieren.
3. Für das Dressing restliche Chilischote längs halbieren, Kerngehäuse entfernen, waschen und fein würfeln. Mit Zitronensaft, Honig,

Salz und Pfeffer mischen und das restliche Öl einrühren.

4. Für den Salat den Spinat waschen und trocken schleudern. Die Orangen mit einem Messer schälen, sodass alles Weiß entfernt ist. Das Fruchtfleisch in dünne Scheiben schneiden. Zwiebel schälen und in schmale Streifen schneiden. Alle Salatzutaten miteinander vermischen.

5. Das marinierte Hähnchen abtupfen und in einer heißen Grillpfanne 15 Minuten bei mittlerer Hitze braten. Hähnchen salzen, mit Salat anrichten und mit Dressing beträufeln.

2. Hähnchen- und Pilzspieße

- Zubereitung: 20 Minuten
- Kalorien: 100 kcal

Zutaten

- 1 kleine rote Chilischote
- $\frac{1}{2}$ TL Olivenöl
- Salz-
- 100 g kleine Champignons
- 80 g Hähnchenbrustfilet
- $\frac{1}{2}$ Bund Koriander

Vorbereitungsschritte

1. Holzspieße in lauwarmem Wasser einweichen (damit sie nicht verbrennen).

2. Chilischote waschen, längs halbieren, Kerngehäuse entfernen, ggf. noch einmal abspülen und fein hacken.
3. Chili mit Öl und etwas Salz in einer kleinen Schüssel mischen.
4. Nehmen Sie die Spieße aus dem Wasser. Bürsten Sie die Pilze und reinigen Sie sie mit einer Bürste.
5. Hähnchenfilet waschen, mit Küchenpapier trocken tupfen und in Stücke schneiden. Die Champignons abwechselnd auf die Spieße stecken.
6. Eine beschichtete Pfanne vorsichtig erhitzen. Die Spieße mit dem Chiliöl bepinseln und in einer Pfanne bei mittlerer Hitze goldbraun braten.
7. Koriander waschen, trocken schütteln und die Blätter von den Stielen zupfen. Über die Spieße streuen und servieren.

3. Putenröllchen mit lauwarmem Spargel

- Zubereitung: 25 Minuten
- Kalorien: 72 kcal

Zutaten

- 150 g weißer Spargel
- 5 g Ingwer (1 Stück)
- $\frac{1}{2}$ TL Olivenöl
- $\frac{1}{2}$ Limette
- Salz-
- Pfeffer
- 4 Stängel Schnittlauch
- 30 g geräucherte Putenbrust (2 Scheiben)

Vorbereitungsschritte

1. Den Spargel waschen, die Enden abschneiden und die Stiele großzügig schälen. Ingwer schälen und fein reiben.
2. Das Öl in einer beschichteten Pfanne vorsichtig erhitzen. Ingwer und Spargel etwa 7 Minuten bei mittlerer Hitze anbraten, dabei gelegentlich wenden.
3. Eine halbe Limette auspressen und den Saft über den Spargel gießen. Mit Salz und Pfeffer würzen.
4. Schnittlauch waschen, trocken schütteln und 2 Stängel waagerecht nebeneinander auf das Arbeitsbrett legen.
5. Je 1 Scheibe geräucherte Putenbrust darauflegen. Den Spargel darauf verteilen und die Putenbrustscheiben aufrollen.
6. Den Schnittlauch vorsichtig verknoten, die Röllchen damit verschließen und anrichten.

4. Hühnergulasch mit Frühlingszwiebeln und

Ingwer

- Zubereitung: 20 Minuten
- Kalorien: 98 kcal

Zutaten

- 20 g Ingwer (1 Stück)
- 1 Knoblauchzehe
- 2 Limetten
- 1 TL Speisestärke
- 2 EL helle Sojasauce
- 1 TL Sambal-Oelek
- 300 g Hähnchenbrustfilet
- 150 ml Geflügelbrühe (Hühnerbrühe)
- 2 Frühlingszwiebeln
- Salz-

Vorbereitungsschritte

1. Ingwer schälen und fein reiben. Knoblauch schälen und sehr fein würfeln.
2. 1 Limette heiß abspülen, trockenreiben und ca. 1 Teelöffel Schale fein abreiben. Beide Limetten halbieren und auspressen.
3. Für die Marinade die Maisstärke in einer Schüssel mit 5 EL Limettensaft glatt rühren. Ingwer, Knoblauch, abgeriebene Limettenschale, Sojasauce und $\frac{3}{4}$ Teelöffel Sambal Oelek untermischen.
4. Hähnchenbrustfilet waschen, mit Küchenpapier trocken tupfen und in 2 cm große Würfel schneiden. Zur Marinade geben, untermischen und 20 Minuten im Kühlschrank ruhen lassen (marinieren).
5. Eine Pfanne oder einen Wok mit hohem Rand erhitzen. Fügen Sie die Hähnchenstücke mit der Marinade hinzu. Mit der Brühe aufgießen und zugedeckt bei schwacher Hitze etwa 10 Minuten kochen lassen, dabei gelegentlich wenden.
6. In der Zwischenzeit die Frühlingszwiebeln putzen, waschen und in sehr feine Ringe schneiden.
7. Hühnergulasch leicht salzen, mit restlichem Limettensaft und Sambal Oelek würzen.

Frühlingszwiebeln unterheben und sofort servieren.

5. Gefüllte Gurkenröllchen mit Putenbrust

- Zubereitung: 15 Minuten
- Kalorien: 88 kcal

Zutaten

- 1 Minigurke
- Salz-
- 2 Stängel Basilikum
- 40 g geschälte, eingelegte rote Paprika (Abtropfgewicht; Glas)
- 50 g geräucherte Putenbrust (2 Scheiben)

Vorbereitungsschritte

1. Gurke waschen, mit Küchenpapier trockenreiben, putzen und schälen.
2. Mit dem Sparschäler rundherum insgesamt 12-14 sehr dünne Scheiben schneiden, sodass nur das Innere der Gurke mit den Kernen übrig bleibt.
3. Die Gurkenscheiben nebeneinander legen und mit etwas Salz bestreuen.
4. Basilikum waschen, trocken schütteln und die Blätter zupfen. Einige beiseite legen, den Rest in sehr feine Streifen schneiden.
5. Paprika längs in Streifen schneiden. Die Putenbrust ebenfalls in feine, lange Streifen schneiden und beides in einer Schüssel mit den Basilikumstreifen vermischen.
6. Gurkenscheiben mit Küchenpapier trocken tupfen.
7. 3-4 Gurkenscheiben längs nebeneinander legen, leicht überlappend.
8. Die Paprika-Puten-Füllung darauf verteilen und die Gurkenscheiben zu Rollen rollen. Mit den restlichen Basilikumblättern garnieren.

6. Sesamhuhn mit Paprika und Karotten

- Zubereitung: 25 Minuten
- Kalorien: 430 kcal

Zutaten

- 100 g Hähnchenbrustfilet
- 2 EL helle Sojasauce
- 1 Karotte
- 1 rote Paprika
- 4 TL Öl
- 2 TL geschälte Sesamkörner

Vorbereitungsschritte

1. Die Hähnchenbrust in mundgerechte Stücke schneiden. Mit 1 EL Sojasauce einreiben.
2. Die Karotte schälen und in Scheiben schneiden. Paprika putzen, waschen und

hacken. Zwiebel schälen und in Spalten schneiden.

3. 2 Teelöffel Öl in einem Wok oder einer tiefen Pfanne erhitzen. Das Hähnchen darin anbraten. Sesam darüberstreuen und untermischen, mit Salz und Pfeffer würzen und auf einen Teller geben.

4. Das restliche Öl zum Frittierfett geben. Karotte, Paprika und Zwiebel dazugeben und 2-3 Minuten braten. Die Brühe angießen und das Hähnchen untermischen. Alles weitere 5 Minuten kochen. Mit restlicher Sojasauce, Salz und Pfeffer abschmecken.

- Zubereitung: 45 Minuten
- Kalorien: 644 kcal

Zutaten

- 1 Huhn
- Salz-
- Paprikapulver oder Geflügelgewürz
- Petersilie
- Olivenöl

Vorbereitungsschritte

1. 1 Esslöffel Öl mit Paprika- oder Geflügelgewürz mischen, die Hähnchenhälften oben damit bestreichen, die Innenseite mit Salz und Paprika würzen und Petersilie in die Bauchhöhle geben.

2. Mit der Schnittfläche auf die Folie legen und locker aber fest verpacken. Die Päckchen auf die glühende Holzkohle legen und 35-45 Minuten grillen. Wird ein Rost verwendet, muss die Holzkohle so hoch aufgestapelt werden, dass der Rost direkt über der Glut liegt.

3. Wenn ein Campingkocher verwendet wird, legen Sie die Pakete in die trockene Pfanne und braten Sie die Hühner bei mittlerer Hitze.

8. Gebratene Tauben

- Zubereitung: 45 Minuten

Zutaten

- 2 junge Tauben
- Salz-
- Pfeffer
- 50 g frische Champignons
- 1 EL Butter
- 2 EL Rapsöl
- 1 Zwiebel
- 125 ml Weißwein
- 1 TL Fleischextrakt

Vorbereitungsschritte

1. Flamme ausweiden, Tauben waschen und trocken tupfen. Mit Salz und Pfeffer würzen, mit gewaschenen Champignons und Butter füllen. In Öl anbraten, im Ofen bei 200 Grad 30 Minuten rösten.

2. Fügen Sie nach dem Braten für 10 Minuten grobe Zwiebelwürfel hinzu. Gebratene Tauben herausnehmen, Braten mit Weißwein aufkochen, abseihen, mit Fleischextrakt würzen. Die Tauben mit einer Geflügelschere teilen, mit Sauce übergießen und mit französischem Erbsengemüse servieren.

9. Pita-Tasche mit Hühnchen

- Kochzeit 15 bis 30 Minuten

Zutaten

- 2 Fladenbrote (Fertigprodukt)
- 2 Stück Salatblätter
- 1 Tomate
- 1/2 Zwiebel
- 1 Knoblauchzehe(n)
- 100 g Magerjoghurt
- Salz Pfeffer
- 100 g Hähnchenbrust
- Salz, Cayennepfeffer
- 1 Teelöffel Olivenöl

Vorbereitung

1. Für die Pita-Beutel mit Hühnchen die Fladenbrote gemäß den Anweisungen auf der Packung erhitzen
2. Salatblätter in kleine Stücke schneiden, Tomate halbieren und in Scheiben schneiden, Zwiebeln in feine Ringe schneiden. Knoblauchzehe auspressen, unter den Magerjoghurt rühren, mit Salz und Pfeffer würzen.
3. Die Hähnchenbrust in Blätter schneiden, je nach gewünschter Hitze mit Salz und Cayennepfeffer würzen und in einer beschichteten Pfanne in Olivenöl anbraten.
4. Hähnchen und Gemüse in die warmen Pita-Taschen geben, mit Knoblauchjoghurt beträufeln und sofort essen.

10. Currystreifen mit Reis

- Kochzeit 15 bis 30 Minuten

Zutaten

- 100 g Basmatireis
- 250 ml Wasser
- Salz-
- 200 g Putenbrust
- 1/2 Zwiebel
- 1/2 Knoblauchzehe(n)
- 1 Teelöffel Olivenöl
- 1 EL Curry
- 150 ml Gemüsebrühe
- 200 ml Kokosmilch (Dose)

- 250 g Brokkoli (gefroren)
- 250 g Blumenkohl (gefroren)
- Salz Pfeffer

Vorbereitung

1. Für den geriebenen Curry-Reis abdecken und in leicht gesalzenem heißem Wasser etwa 12 Minuten kochen.
2. Putenbrust in feine Streifen schneiden. Zwiebel und Knoblauch fein würfeln.
3. Öl in einer Pfanne erhitzen und die Putenstreifen anbraten. Das Fleisch herausnehmen und die Zwiebel und den Knoblauch anbraten. Mit Curry bestäuben und mit Gemüsebrühe und Kokosmilch aufgießen. Kurz aufkochen, Brokkoli und Blumenkohlröschen dazugeben, zudecken und 10 Minuten leicht köcheln lassen.
4. Das Fleisch wieder zum Gemüse geben, mit Salz und Pfeffer würzen und nochmals kurz anbraten.
5. Currystreifen auf Tellern anrichten und Reis separat servieren.

11. Orientalische Spinatblätter mit Curryjoghurt

- Zubereitung: 15 Minuten
- Kalorien: 98 kcal

Zutaten

- 1 Zwiebel
- 1 Knoblauchzehe
- 70 ml klassische Gemüsebrühe
- 450 g Spinatblätter (gefroren)
- 10 g Kokosraspeln (1 EL)
- 100 g Joghurt (0,1% Fett)
- Salz-

- Pfeffer
- 1 Prise Currypulver
- 1 Prise gemahlener Kreuzkümmel

Vorbereitungsschritte

1. Zwiebel und Knoblauch schälen. Zwiebel würfeln, Knoblauch durch die Knoblauchpresse drücken.
2. Die Gemüsebrühe in einem Topf zum Kochen bringen, Zwiebel, Knoblauch und gefrorenen Blattspinat dazugeben. Abdecken und bei schwacher Hitze etwa 15 Minuten garen.
3. In der Zwischenzeit die Kokosraspeln in einer Pfanne goldbraun rösten. Abkühlen lassen.
4. Joghurt mit Salz, Pfeffer und Currypulver glatt rühren.
5. Den Spinat mit Salz, Pfeffer und Kreuzkümmel abschmecken. Mit Kokosraspeln bestreuen und mit dem Curryjoghurt servieren.

12. Gefüllte Radicchioblätter mit Fruchtjoghurt

- Zubereitung: 15 Minuten
- Kalorien: 100 kcal

Zutaten

- 50 g kleine Mandarine (1 kleine Mandarine)
- 75 g kleine säuerliche Äpfel (1 kleiner säuerlicher Apfel)
- 20 g Joghurt (1,5% Fett) (1 EL)
- $\frac{1}{2}$ kleine Limette
- Salz-
- Pfeffer
- $\frac{1}{4}$ Bund Schnittlauch
- 5 g Sonnenblumenkerne (1 Teelöffel)
- 2 Blätter Radicchio

Vorbereitungsschritte

1. Mandarine schälen, Fruchtfilets entfernen und in kleine Stücke schneiden.
2. Den Apfel waschen, vierteln, entkernen und fein würfeln.
3. Mandarine und Apfel mit dem Joghurt in einer kleinen Schüssel mischen.
4. Die Hälfte der Limette auspressen und den Saft in den Joghurt rühren. Mit Salz und Pfeffer abschmecken.
5. Schnittlauch waschen, trocken schütteln und in Rollen schneiden.
6. Die Sonnenblumenkerne in einer beschichteten Pfanne hellbraun rösten.
7. Die Radicchio-Blätter waschen, trocken schütteln und mit dem Fruchtjoghurt auffüllen. Mit Schnittlauch und Sonnenblumenkernen bestreuen und servieren.

13. Gemüsecarpaccio mit Limettenvinaigrette

- Zubereitung: 15 Minuten
- Kalorien: 148 kcal

Zutaten

- Salz-
- 100 g Karotten (1 kleine Karotte)
- 150 g Kohlrabi (0,5 Kohlrabi)
- 50 g Zuckerschoten
- $\frac{1}{2}$ Limette
- Pfeffer
- 1 Prise Vollrohrzucker
- $\frac{1}{2}$ TL Olivenöl
- 3 Stängel Basilikum

Vorbereitungsschritte

1. Das Salzwasser in einem großen Topf zum Kochen bringen. In der Zwischenzeit die Karotte waschen, putzen und schälen.
2. Kohlrabi putzen und schälen; Beides auf einem Gemüsehobel sehr dünn schneiden.
3. Zuckerschoten waschen und putzen, ggf. die Fäden entfernen. Große Schoten bei Bedarf halbieren.
4. Möhren, Kohlrabi und Zuckerschoten in kochendem Salzwasser 2-3 Minuten garen (blanchieren). Abgießen, unter fließendem kaltem Wasser abspülen und gut abtropfen lassen.
5. Die Limette auspressen und den Saft in eine kleine Schüssel geben. Salz, Pfeffer und Zucker einrühren und dann das Öl einrühren.
6. Basilikum waschen, trocken schütteln, Blätter zupfen und in Streifen schneiden.
7. Das lauwarme Gemüse auf einen Teller geben, mit der Limettenvinaigrette beträufeln und mit Basilikum bestreuen.

14. Geschmorte Artischocken in Zitrus-

Basilikum-Gebräu

- Zubereitung: 1 h
- Kalorien: 72 kcal

Zutaten

- 2 Bio-Orangen
- 2 Bio-Zitronen
- 2 rote Zwiebeln
- 8 kleine Artischocken (zum Schmoren)
- 2 EL Olivenöl
- 2 Stängel Basilikum
- 250 ml Gemüsebrühe
- Salz-
- 6 schwarze Pfefferkörner

Vorbereitungsschritte

1. 1 Orange heiß abspülen, trockenreiben und die Schale mit einem Sparschäler dünn abziehen. Beide Orangen auspressen.
2. Die Zitronen auspressen, den Saft und etwa 2 Liter Wasser in eine große Schüssel geben. Die Zwiebeln schälen und in feine Streifen schneiden.
3. Reinigen Sie die Artischocken. Entfernen Sie die harten äußeren Blätter und schälen Sie die Stiele großzügig mit dem Sparschäler.
4. Die Artischocken vierteln, das Heu vom Blütenboden entfernen und die Artischocken sofort in das Zitronenwasser legen, damit sie nicht braun werden.
5. Öl in einem Topf erhitzen und die Zwiebeln glasig dünsten. Basilikum waschen, trocken schütteln und dazugeben.
6. Orangenschale und -saft mit der Gemüsebrühe in den Topf geben; etwas Salz und Pfefferkörner hinzufügen.
7. Die Artischocken abgießen und in den Topf geben. Alles bei mittlerer Hitze zum Kochen bringen, dann abdecken und bei schwacher Hitze etwa 15 Minuten köcheln lassen.
8. Artischocken mit einem Schaumlöffel aus der Brühe heben und heiß oder kalt servieren.

15. Zucchini gefüllt mit Käse

- Zubereitung: 15 Minuten
- Kalorien: 274 kcal

Zutaten

- 4 Zucchini
- Salz-
- 1 rote Chilischote
- 1 Knoblauchzehe
- 1 Handvoll frische Kräuter Rosmarin, Majoran, Thymian und Basilikum
- 2 EL Olivenöl
- 400 g Ziegenfrischkäse (40% Fett)
- 1 Spritzer Zitronensaft
- Pfeffer
- 100 g Cocktailtomaten

- 1 Handvoll Blattsalat

Vorbereitungsschritte

1. Zucchini waschen, längs halbieren und die Steine herauskratzen. Hälften in Salzwasser 2-3 Minuten kochen (blanchieren). Abschrecken, trocken tupfen und auf ein mit Backpapier belegtes Backblech legen.
2. Für die Füllung die Chilischote putzen, waschen, halbieren und fein hacken. Knoblauch schälen und fein hacken. Kräuter waschen, trocken schütteln, zupfen und fein hacken. Mit Olivenöl, Chili und Knoblauch unter den Frischkäse mischen und mit Zitronensaft, Salz und Pfeffer würzen. In die Zucchinihälften gießen und im vorgeheizten Backofen bei 200 °C (Umluft 180 °C; Gas: Stufe 3) ca. 20 Minuten goldbraun backen.
3. In der Zwischenzeit die Tomaten waschen und vierteln. Salat waschen, trocken schütteln und zu den Tomaten mit den mit Käse gefüllten Zucchini servieren.

16. Raita mit Granatapfel

- Zubereitung: 10 Minuten
- Kalorien: 49 kcal

Zutaten

- ½ Gurke
- 2 Stängel Minze
- 1 Knoblauchzehe
- 200 g Joghurt (3,5% Fett)
- Salz-
- Pfeffer
- ¼ gemahlener Koriander
- 2 EL Granatapfelkerne (30 g)

Vorbereitungsschritte

1. Gurke putzen, waschen und grob raspeln. Minze waschen, trocken schütteln und hacken, etwas davon zum Garnieren beiseite legen. Den Knoblauch schälen und hacken.

2. Joghurt mit geriebener Gurke, Minze und Knoblauch mischen und mit Salz, Pfeffer und Koriander würzen. Gießen Sie die Raita in eine Schüssel und gießen Sie die Minzblätter und Granatapfelkerne, die beiseite gelegt wurden, darüber.

- Zubereitung: 25 Minuten
- Kalorien: 66 kcal

Zutaten

- 70 g Löwenzahn (1 Bund)
- 400 g Champignons
- 150 ml klassische Gemüsebrühe
- Salz-
- Pfeffer
- 2 EL weißer Balsamico-Essig
- 1 TL Olivenöl

Vorbereitungsschritte

1. Den Löwenzahnsalat putzen, waschen, trocken schleudern und in mundgerechte Stücke schneiden.
2. Champignons ggf. mit einer Bürste reinigen, ansonsten sorgfältig abspülen und trocken tupfen. Je nach Größe halbieren oder vierteln.
3. 50 ml Gemüsebrühe in einer beschichteten Pfanne zum Kochen bringen. Die Hälfte der Champignons zugeben und zugedeckt 2 Minuten garen. Deckel abnehmen und unter Rühren kochen, bis die Flüssigkeit verdampft ist.
4. Salzen, pfeffern und in eine Schüssel geben. Restliche Champignons ebenso in 50 ml Gemüsebrühe kochen, dann ebenfalls in die Schüssel geben.
5. Restliche Gemüsebrühe in der Pfanne erhitzen. Mit Essig, Salz, Pfeffer und Olivenöl zu einer Salatsauce verrühren.
6. Die Sauce mit den Champignons mischen. Mit dem Löwenzahnsalat auf 2 Tellern anrichten und servieren.

18. Endiviensalat mit Avocado

- Zubereitung: 20 Minuten
- Kalorien: 135 kcal

Zutaten

- 1 Kopfsalat
- 1 Gurke
- 1 Avocado
- 40 g Kräuter (1 Handvoll; Basilikum und Schnittlauch)
- 1 Bio-Limette
- 200 g Joghurt (3,5% Fett)
- 1 TL Honig
- Salz-

- Chiliflocken

Vorbereitungsschritte

1. Salat putzen, in mundgerechte Stücke zupfen, waschen und trocken schleudern. Gurke waschen, putzen und in dünne Scheiben schneiden. Avocado halbieren, entkernen und schälen und das Fruchtfleisch in Scheiben schneiden. Kräuter waschen und trocken schütteln. Basilikumblätter zupfen und grob hacken, Schnittlauch in Röllchen schneiden. Limette heiß waschen, Schale fein abreiben und Saft auspressen.
2. Für das Dressing Joghurt mit Limettenschale und -saft, Honig, Salz und Chili verrühren.
3. Alle vorbereiteten Salatzutaten auf 4 Tellern anrichten, mit dem Dressing beträufeln und sofort servieren.

19. Lachsscheiben mit Kräuterreis und Brokkoli

Zutaten

- 2 Stück Lachsfilet (á 125 g)
- 125 g brauner Reis
- 300 g Brokkoli
- Frische Kräuter (Petersilie, Rosmarin, Basilikum - nach Geschmack)
- Salz Pfeffer
- Zitronensaft (einige)

Vorbereitung

1. Für den Kräuterreis den Reis in 250 ml Salzwasser kochen. Die Kräuter hacken und mit dem Reis mischen.
2. Für die Lachsscheiben mit Brokkoli den Brokkoli putzen, in mundgerechte Stücke

schneiden und in etwas Salzwasser oder Suppe zugedeckt bissfest garen.

3. Die Lachsfilets mit Salz, Pfeffer und Zitronensaft würzen.

4. Bedecken Sie und kochen Sie in einer kleinen Menge Wasser (wenn Sie gefrorenen Lachs verwenden, brauchen Sie kein Wasser) auf einer kleinen Flamme, bis das Innere des Lachses gerade noch gar ist. (Dauer bei Fisch einige Minuten, bei Tiefkühlkost ca. 8-10 Minuten).

20. Fettucine mit Spinatblättern

- Kochzeit 15 bis 30 Minuten

Zutaten

- 250 g Spinat (jung)
- 200 g Fettuccine (Bandnudeln)
- 1 EL Olivenöl
- 1 Frühlingszwiebel (feine Ringe)
- 100 ml Schlagsahne
- 1/2 EL Crème fraîche
- 1/2 Teelöffel Thymian
- 1/2 Teelöffel Basilikum
- Muskatnuss
- Pfeffer
- 20 g Parmesan (fein gerieben)
- 1 EL Pinienkerne (geröstet)

Vorbereitung

1. Für die Fettucine mit Blattspinat den tropfnassen Spinat mit etwas Salz in einem geschlossenen Topf in 3 Minuten kollabieren und in einem Sieb abtropfen lassen. Spinat fein hacken.
2. Die Nudeln in reichlich Salzwasser al dente kochen.
3. Während die Nudeln kochen, das Öl in einer beschichteten Pfanne erhitzen und die Zwiebeln weich braten. Schlagsahne, Crème fraîche, Thymian, Basilikum und Muskat zugeben. Die Sauce unter Rühren etwas reduzieren. Spinat unterrühren, kurz erhitzen, mit Muskat, Salz und Pfeffer würzen.
4. Die Nudeln abgießen und abtropfen lassen und mit dem Spinat mischen. Die Nudeln mit Salz und Pfeffer würzen.
5. Die Pasta portionsweise mit Parmesan und Pinienkernen servieren.

21. Saftige Käsekuchenriegel

- Zubereitung: 10 Minuten
- Kalorien: 173 kcal

Zutaten

- 60 g Butter
- 80 g Zucker
- 1 Päckchen Vanillezucker
- 2 Eier
- 500 g Magerquark
- 300 g Apfelmus (ohne Zucker)
- 125 g Weizengrieß

- 50 g getrocknete Mango

Vorbereitungsschritte

1. 50 g Butter, Zucker, Vanillezucker und die Eier in eine Schüssel geben und den Quark Löffel für Löffel dazugeben. Mit dem Handrührgerät kurz aber gründlich mischen.
2. Apfelmus und zuletzt den Grieß dazugeben und verrühren. Die Mango würfeln und unterheben.
3. Eine rechteckige Backform (20x30 cm) mit der restlichen Butter einfetten und den Teig einfüllen. Im vorgeheizten Backofen bei 180 °C (Umluft: 160 °C, Gas: Stufe 2) 40 Minuten auf der mittleren Schiene backen. Wenn der Kuchen zu braun wird, decken Sie ihn die letzten 10 Minuten mit etwas Alufolie ab.
4. Den Käsekuchen in der Form etwas abkühlen lassen. Längs halbieren und beide Streifen in 6 Stücke von ca. 5x10 cm schneiden. Zum Mitnehmen in Folie einwickeln.

22. Knusprige Kartoffeln

- Kochzeit 30 Minuten
- Portionen 3

Zutaten

- 5 Stk. Kartoffeln (mit schöner Haut, gut gewaschen)
- 5 Spritzer Olivenöl
- 1 Prise Salz (oder mehr)

Vorbereitung

1. Die Kartoffeln in dünne Scheiben schneiden und auf ein mit Backpapier ausgelegtes Backblech legen.

2. Mit Olivenöl anfeuchten und mit Salz bestreuen. Nach Belieben auch Paprikapulver.
3. Dann ca. 15-20 Minuten bei 200°C (Umluft).

23. Sgroppino

Zutaten

- 500 g Zitroneneis
- 6 cl Wodka
- 100 ml Prosecco
- 80 ml Schlagsahne

Vorbereitung

1. Vier Sektflöten im Gefrierschrank gut vorkühlen. In der Zwischenzeit das Zitroneneis in einem Behälter mit Ausguss (Messbecher etc.) aufschlagen, bis es weich wird.
2. Nach und nach gekühlten Wodka, flüssige Sahne und Prosecco unterrühren. Sofort auf den eiskalten Sektgläsern verteilen. Achtung: Der Sgroppino gerinnt, wenn Sie ihn länger stehen lassen.

- Kochzeit 15 Minuten
- Portionen 4

Zutaten

- 4 Portion(en) Zitroneneis
- 1/2 Flasche(n) Prosecco (eiskalt)
- 4 Minzblätter
- 4 cl Limoncello
- 4 cl Wodka

Vorbereitung

1. Zuerst das Eis gleichmäßig in den Sektgläsern verteilen.
2. Limoncello und Wodka dazugeben und den Zitronen-Digestif mit Minze drapiert servieren.

25. Obstsalat

- Kochzeit 6 Minuten
- Portionen 4

Zutaten

- 200 g Obst (je nach Saison)
- 50 g Kristallzucker
- Saft einer Zitrone
- 2 EL Mascarino (italienischer Frischkäse)
- 1 EL Pistazien (gehackt)

Vorbereitung

1. Für den Obstsalat die Früchte nach Bedarf schälen und in Würfel oder Flocken schneiden. Mit Zitronensaft beträufeln. Zucker und 5 EL Wasser zum Kochen bringen.

2. Abkühlen lassen und über die Früchte gießen. Den Obstsalat anrichten und mit Mascarino und gehackten Pistazien garnieren.

Zutaten

- 250 g Buttermilch
- 125 g Schlagsahne
- 125 g Joghurt
- 250 g Erdbeeren
- 3 EL Zucker
- 1 Spritzer Zitronensaft
- 1 Teelöffel Vanillezucker

Vorbereitung

1. Für die Erdbeer-Kaltschale alle Zutaten und die Hälfte der Erdbeeren in einem Mixer pürieren.

2. Die zweite Hälfte der Erdbeeren halbieren und vor dem Servieren mit der pürierten Masse vermischen. Schlagsahne vorsichtig unterheben.

3. Die kalte Erdbeerschüssel in Schüsseln servieren. Nach Belieben mit Minze, Schokoflocken, Pistazien oder ähnlichem dekorieren.

- Gesamtzeit: 3 Stunden,
- Portionen: 2

Zutaten:

- 2 Äpfel, entkernt, in dünne Scheiben geschnitten
- Zimt

Vorbereitung:

1. Den Backofen auf 275 ° F vorheizen.
2. Das Keksblatt mit Pergamentpapier auslegen. Das Backblech hat eine Schicht geschnittener Äpfel.
3. Zimtstaub. Den Ofen hineinstellen und 2 Stunden backen. Vergessen Sie nicht, jede Stunde Apfelscheiben zu wenden.

4. Entfernen Sie die Apfelchips und lassen Sie sie dann abkühlen. Servieren Sie nach Bedarf. Reste können in einem luftdichten Behälter aufbewahrt werden.

28. Honig gebackene Aprikosen

- Gesamtzeit: 40 Minuten
- Portionen: 4

Zutaten:

- Olivenöl zum Einfetten
- 4 frische Aprikosen, halbiert, entkernt
- $\frac{1}{2}$ Tasse Walnüsse, grob gehackt
- Prise Meersalz
- $\frac{1}{2}$ Tasse   Honig

Vorbereitung:

1. Heizen Sie den Ofen auf 350 ° F vor.
2. Eine Auflaufform mit Backpapier auslegen und mit Öl einfetten.
3. Aprikosen schichten und Walnüsse bestreuen. Mit Salz.

4. Mit Salz. Honig beträufeln. 25 Minuten backen.
5. Vom Herd nehmen. Früchte mit Nüssen in einzelne Schalen geben.

- Gesamtzeit: 30 Minuten
- Portionen: 4

Zutaten:

- Kokosbutter
- 2 große Süßkartoffeln, in dicke Würfel geschnitten
- 1 Dose Kokoscreme
- 1 Esslöffel roher Bio-Honig
- 1 Tasse frische Blaubeeren

Vorbereitung:

1. Elektrogrill vorheizen. In der Zwischenzeit Kokoscreme und Honig mischen. Zum Kochen bringen. Kontinuierlich rühren. Süßkartoffeln mit Kokosnussbutter einfetten. Auf beiden

Seiten braun grillen. Vom Herd nehmen. Mit Kokossauce beträufeln. Mit Blaubeeren garnieren. Dienen.

- Gesamtzeit: 40 Minuten
- Portionen: 4

Zutaten

- 2 Tassen gekochter Reis
- ½ Tasse Mehl
- 2 Eier
- Mortadella nach Geschmack
- Petersilie nach Geschmack
- Schnittlauch nach Geschmack
- Schwarzer Pfeffer nach Geschmack

Vorbereitung

1. Den gekochten Reis, die Eier und das Mehl in einen großen Behälter geben;
2. Mit schwarzem Pfeffer, Petersilie und Schnittlauch würzen;

3. Fügen Sie die fein gehackte Bologna hinzu und mischen Sie gut, bis ein gleichmäßiger Teig entsteht;
4. Mit den Händen die Kekse formen;
5. Verteilen Sie die Kekse, die in den Airfryer passen, und lassen Sie sie 10 Minuten bei einer Temperatur von 200 Grad braten;

31. Knusprige Kichererbsen

- Kochzeit 15 Minuten
- Portionen 4

Zutaten

- 1 Dose(n) Kichererbsen
- 2 EL Olivenöl
- Salz-
- Pfeffer (aus der Mühle)

Vorbereitung

1. Für knusprige Kichererbsen zuerst die Kichererbsen abtropfen lassen, mit kaltem Wasser abspülen und gut trocknen.

2. Den Backofen auf 180 °C vorheizen. Ein Backblech mit Pergamentpapier auslegen.

3. Kichererbsen mit Salz, Pfeffer und Olivenöl mischen und auf dem Backblech verteilen. Für etwa 40-45 Minuten in den Ofen geben. Die knusprigen Kichererbsen zwischendurch immer wieder schütteln.

- Kochzeit 15 Minuten
- Portionen 4

Zutaten

- 8 Scheiben Bruschetta (oder fluffiges Weißbrot)
- 2 Fleischtomaten (entkernt)
- 2 Knoblauchzehen (gepresst)
- 1 EL Basilikumblätter
- 2 EL Olivenöl
- Salz-
- Pfeffer (frisch gemahlen)

Vorbereitung

1. Für die Bruschetta mit Tomaten-Topping alle Zutaten gut vermischen und würzen. Die Brotscheiben im auf 250°C vorgeheizten Backofen ca. 4 Minuten anbraten. Das Tomaten-Topping verteilen und sofort servieren.

33. Tramezzini mit Thunfisch

- Kochzeit 15 Minuten
- Portionen 6

Zutaten

- 12 Scheibe(n) Tramezzini-Brot (weiches, saftiges Weißbrot ohne Kruste)
- 200 g Thunfisch (weißes Fleisch, in Öl mariniert)
- 1 EL Zitronensaft
- 4 EL Mayonnaise
- 1 EL Cognac
- Meersalz (aus der Mühle)
- Pfeffer (aus der Mühle)

Vorbereitung

1. Thunfisch mit Zitronensaft pürieren.
2. Mit Mayonnaise mischen, mit Salz, Pfeffer und Cognac würzen.

3. Auf die Hälfte des Brotes dick streichen und mit der zweiten Hälfte bedecken.
4. Jedes Brot diagonal in zwei Dreiecke schneiden.

Zutaten

- 500 g Joghurt (griechisch)
- 150 g Wabenhonig
- 4 Feigen (frisch)
- 2 EL Pinienkerne
- Cassissirup (Sirup der schwarzen Johannisbeere)

Vorbereitung

1. Die Feigen schälen, in Spalten schneiden und mit dem Joghurt vermischen. Pinienkerne rösten, hacken und unter den Joghurt mischen.
2. Joghurt in eine Schüssel geben und mit etwas Honig und Cassissirup beträufeln.

35. Bruschetta mit Mozzarella

- Kochzeit 5 Minuten
- Portionen 4

Zutaten

- 1/4 kg Tomaten (gewürfelt)
- 2 Knoblauchzehen (fein gehackt)
- 1 Prise Salz
- etwas Pfeffer
- 1 Prise Paprikapulver
- 1-2 Mozzarella
- 1 Handvoll Basilikum (gehackt)
- etwas Olivenöl
- 1 Laib(e) Ciabette (in etwa daumenbreite Scheiben geschnitten)

- etwas Zucker

Vorbereitung

1. Für die Bruschetta mit Mozzarella Tomaten und Knoblauch in einer heißen Pfanne mit Olivenöl anbraten.

2. Mit Salz, Pfeffer, Paprikapulver, Zucker und Basilikum würzen und weitere 5 Minuten ziehen lassen.

3. Die heiße Bruschetta auf das Ciabatta legen, den fein gehackten Mozzarella darauflegen, schmelzen lassen und mit Basilikum garnieren.

- Kochzeit 5 Minuten
- Portionen 2

Zutaten

- 3 Beefsteak-Tomaten (groß)
- 1 Teelöffel Öl
- Salz-
- Pfeffer

Vorbereitung

1. Für die gegrillten Tomatenhälften die Auflaufform mit Öl bestreichen. Tomaten quer halbieren, mit Salz und Pfeffer würzen.

2. Die Tomaten in die Pfanne geben. Den Grill einschalten und etwa 3 bis 5 Minuten grillen.
3. Die gegrillten Tomatenhälften servieren.

37. Vegetarische Wraps

- Kochzeit 15 Minuten
- Portionen 4

Zutaten

- 4 Stück fertige Wraps
- 2 Handvoll Salat
- 250 g geriebener Käse
- 1 Dose(n) Bohnen
- 1 Dose(n) Mais
- 5 Stk. Tomaten

Vorbereitung

1. Für die vegetarischen Wraps Bohnen, Mais und Salat waschen.
2. Tomaten hacken, etwas pürieren und gut würzen. Alle Zutaten bis auf den Salat auf

den Wraps verteilen und in den vorgeheizten Backofen bei ca. 150° für 10 Minuten.

3. Zum Schluss die vegetarischen Wraps mit dem Salat füllen und servieren.

38. Paprikachips aus dem Ofen

- Kochzeit 15 Minuten
- Portionen 2

Zutaten

- 2 Kartoffeln (mittel)
- 1 EL Olivenöl
- 1 Teelöffel Paprikapulver
- Salz-

Vorbereitung

1. Für die Paprikachips die Kartoffeln aus dem Ofen schälen und mit dem Gemüsemesser in dünne Scheiben schneiden. Ein Backblech mit Pergamentpapier auslegen. Das Backpapier dünn mit Olivenöl bestreichen. Die Kartoffelscheiben darauf legen und leicht mit Olivenöl bestreichen.

2. Mit Paprikapulver und Salz bestreuen. Die Paprikachips im vorgeheizten Backofen bei 220 °C 6 Minuten goldbraun backen.

39. Avocado-Dip

- Kochzeit 15 Minuten
- Portionen 2

Zutaten

- 1 Avocado (bis zu 2, reif)
- 1 EL Sauerrahm
- Knoblauch
- Salz-
- Pfeffer

Vorbereitung

1. Für den Avocado-Dip die Avocados schälen und den Stein entfernen. Das Fruchtfleisch mit einer Gabel zerdrücken oder pürieren.

2. Etwas saure Sahne unterrühren und den Avocado-Dip mit frisch gehacktem Knoblauch, Salz und Pfeffer würzen.

40. Panierte Zucchini

- Kochzeit 15 Minuten
- Portionen 2

Zutaten

- 2 Zucchini (ungeschält)
- 1 Ei (aufgeschlagen)
- 1 EL Petersilie (glatt, gehackt)
- 2 EL Semmelbrösel
- 2 EL Olivenöl
- 1 EL Zitrone (Saft)
- Salz-
- Pfeffer (frisch gemahlen)

Vorbereitung

1. Zucchini in Scheiben schneiden, Zucchinischeiben mit Salz und Pfeffer würzen.

2. Ei und Petersilie vermischen. Die Zucchinischeiben darin tauchen, dann in Semmelbröseln wenden.

3. In heißem Öl goldbraun braten. Auf Küchenpapier abtropfen lassen und mit Zitronensaft beträufeln.

KALORIENARME REZEPTE MIT FISCH

41. Gedämpftes Fischfilet auf Gemüsebett

- Zubereitung: 25 Minuten
- Kalorien: 100 kcal

Zutaten

- 1 Schalotte
- ½ Knollenfenchel
- 60 g kleine Karotten (1 kleine Karotte)
- 3 EL klassische Gemüsebrühe
- Salz-
- Pfeffer
- 70 g Pangasiusfilet (am besten Bio-Pangasius)

- 2 Stängel glatte Petersilie
- $\frac{1}{2}$ kleine Limette

Vorbereitungsschritte

2. Schalotten schälen und fein würfeln.
3. Fenchel und Karotte putzen und waschen, Karotte dünn schälen. Beide Gemüse in schmale Stifte schneiden.
4. Die Brühe in einer beschichteten Pfanne erhitzen. Schalotte, Fenchel und Karotte dazugeben und ca. 3 Minuten kochen lassen. Mit Salz und Pfeffer abschmecken.
5. Fischfilet abspülen, trocken tupfen, leicht salzen und auf das Gemüse legen. Zugedeckt bei schwacher Hitze 8-10 Minuten köcheln lassen.
6. In der Zwischenzeit die Petersilie waschen, trocken schütteln, die Blätter zupfen und mit einem großen Messer fein hacken.
7. Eine halbe Limette auspressen und den Saft nach Belieben über den Fisch träufeln. Nach Geschmack pfeffern, mit Petersilie bestreuen und servieren.

- Zubereitung: 30 Minuten
- Kalorien: 100 kcal

Zutaten

- 250 g reife Mango (1 kleine Mango)
- 1 Limette
- 150 g Zucchini (1 kleine Zucchini)
- 4 Kirschtomaten
- 200 g Kabeljaufilet
- Salz-
- ½ TL Joghurtbutter
- Pfeffer
- 1 TL rosa Pfefferbeeren
- 100 g Joghurt (0,1% Fett)

Vorbereitungsschritte

1. Schäle die Mango. Das Fruchtfleisch vom Stein in dicke Spalten schneiden und würfeln.
2. Limette halbieren und Saft auspressen.
3. Zucchini waschen, putzen und würfeln. Tomaten waschen.
4. Das Kabeljaufilet waschen, mit Küchenpapier trocken tupfen und in gleich große Würfel schneiden. Salz.
5. Die Butter in einer kleinen Pfanne schmelzen. 2 EL Limettensaft und etwas Pfeffer einrühren und vom Herd nehmen.
6. Fischwürfel, Mango, Tomaten und Zucchini auf Holzspieße stecken und rundum mit Limettenbutter bestreichen.
7. Die Spieße in einer Grillpfanne bei mittlerer Hitze oder auf dem heißen Grill 8-10 Minuten braten. Einmal drehen.
8. In der Zwischenzeit die Pfefferbeeren mit dem Messerrücken leicht zerdrücken und in einer kleinen Schüssel mit dem Joghurt vermischen. Mit Salz und restlichem Limettensaft abschmecken, mit den Fisch- und Gemüsespießen servieren.

43. Marinierte Muscheln mit Pfeffer und

Petersilie

- Zubereitung: 30 Minuten
- Kalorien: 97 kcal

Zutaten

- 1 kg frische oder gefrorene Muscheln
- 1 große Zwiebel
- 2 Knoblauchzehen
- 1 grüne Paprika
- $\frac{1}{2}$ Bund glatte Petersilie
- $\frac{1}{2}$ Zitrone
- 2 EL Olivenöl
- 275 ml trockener Weißwein oder Fischfond
- Salz-
- Pfeffer

Vorbereitungsschritte

1. Muscheln abbürsten und 1 Stunde in kaltes Wasser legen; einmal das Wasser wechseln. (Gefrorene Muscheln auftauen.)

2. In der Zwischenzeit Zwiebel und Knoblauch schälen und in feine Würfel schneiden. Paprika längs halbieren, Kerngehäuse entfernen, waschen und in feine Streifen schneiden.

3. Petersilie waschen, trocken schütteln, Blätter abzupfen und grob hacken. Drücken Sie die Zitrone aus.

4. Die Muscheln in einem Sieb abtropfen lassen. Sortieren Sie die geöffneten Muscheln aus.

5. Öl in einem großen Topf erhitzen und Zwiebel und Knoblauch darin glasig dünsten. Paprika dazugeben und kurz anbraten.

6. Weißwein angießen und aufkochen.

7. Die Muscheln dazugeben und zugedeckt bei starker Hitze ca. 4 Minuten garen, bis sich alle Muscheln geöffnet haben, dabei den Topf mehrmals schütteln.

8. Die Muscheln mit einem Schaumlöffel aus dem Topf nehmen und auf eine Platte legen. Nicht geöffnete Muscheln aussortieren.

9. Petersilie in die Brühe geben, mit Salz, Pfeffer und Zitronensaft würzen.

10. Gießen Sie die Brühe über die Muscheln und servieren Sie sie sofort oder gekühlt.

44. Spargel-Tomaten-Salat

- Zubereitung: 25 Minuten
- Kalorien: 238 kcal

Zutaten

- 1 Zitrone
- 1 rote Zwiebel
- 1 Bund Dill
- 200 g Kirschtomaten
- 150 g Tiefseegarnelen (kochfertig)
- 2 EL Olivenöl
- 1 TL Agavensirup oder Honig

- Salz schwarzer Pfeffer
- 500 g weißer Spargel

Vorbereitungsschritte

1. Drücken Sie die Zitrone aus. Zwiebel schälen und in feine Streifen schneiden. Dill waschen, trocken schütteln und hacken. Tomaten waschen und halbieren. Zitronensaft, Zwiebeln, Dill und Tomaten in eine Schüssel mit Garnelen, Öl und Agavendicksaft geben. Salzen, pfeffern und gut vermischen.

2. Spargel waschen und mit dem Sparschäler gründlich schälen. Die holzigen Enden abschneiden und die Stäbchen schräg in Scheiben schneiden. Lassen Sie die Spargelspitzen ganz.

3. Einen ausreichend großen Topf mit Salzwasser zum Kochen bringen und den Spargel darin 4-5 Minuten al dente kochen.

4. Spargel in einem Sieb abtropfen lassen und gut abtropfen lassen.

5. Noch warm zu den anderen Zutaten geben und gut vermischen. 3 Minuten ziehen lassen, nochmals mit Salz und Pfeffer würzen und servieren.

- Zubereitung: 15 Minuten
- Kalorien: 88 kcal

Zutaten

- ½ rote Paprika
- 50 g kleine Karotten (1 kleine Karotte)
- 1 Schalotte
- 1 TL Rapsöl
- Salz-
- Pfeffer
- 300 ml Fischfond (Glas)
- 100 g Schellfischfilet
- Worcestersauce nach Geschmack
- 1 Stängel glatte Petersilie

Vorbereitungsschritte

1. Die halbe Paprika entkernen, waschen und in dünne Streifen schneiden.
2. Karotten waschen, putzen, schälen, längs halbieren und in dünne Scheiben schneiden. Schalotten schälen und sehr fein würfeln.
3. Öl in einem Topf erhitzen. Paprika, Karotten und Schalotten darin bei mittlerer Hitze unter Rühren 1 Minute anbraten. Leicht salzen und pfeffern.
4. Mit Fischfond aufgießen, aufkochen, zudecken und 5 Minuten leicht köcheln lassen.
5. In der Zwischenzeit das Fischfilet kalt abspülen, mit Küchenpapier trocken tupfen und in mundgerechte Stücke schneiden. Zur Suppe geben und etwa 5 Minuten köcheln lassen.
6. In der Zwischenzeit die Petersilie waschen, trocken schütteln und die Blätter abzupfen.
7. Die Suppe mit Worcestershiresauce, Salz und Pfeffer würzen. Zum Servieren die Petersilienblätter unterrühren.

46. Fisch in Tomatensauce

Zutaten

- 4 gefrorene Weißfischfilets nach Wahl
- 2 Tassen Kirschtomaten halbiert
- 2 fein geschnitten Knoblauchzehen
- 120 ml helle Hühnerbrühe
- 60 ml trockener Weißwein (oder mehr Hühnerbrühe verwenden)
- 1/2 Teelöffel Salz
- 1/2 Teelöffel schwarzer Pfeffer
- 1/4 Tasse fein gehackte frische Basilikumblätter (zum Garnieren)

Vorbereitung

1. Tomaten, Knoblauch, Salz und Pfeffer bei mittlerer Hitze in eine Pfanne geben. 5

Minuten kochen lassen oder bis die Tomaten weich sind.

2. Fügen Sie Hühnerbrühe, Weißwein (falls verwendet), gefrorene Fischfilets und gehacktes Basilikum hinzu. Bedecken Sie und köcheln Sie 20-25 Minuten, bis der Fisch vollständig gekocht ist.

3. Zum Schluss mit einer weiteren Handvoll gehacktem Basilikum bestreuen und nach Belieben auf einem Bett aus Reis, Couscous oder Quinoa servieren.

- Zubereitungszeit 20min
- Portionen 2

Zutaten

- 2 Thunfischfilets ca. je 130 g
- Salz-
- Pfeffer aus der Mühle
- 2 TL Olivenöl
- 200 g Gurke
- 150 g Chinakohl
- 4 EL Limettensaft
- 4 EL Chili-Hühnchen-Sauce
- 4 EL Orangensaft
- 4 EL Frühlingszwiebelringe

Vorbereitungsschritte

1. Die Thunfischfilets salzen und pfeffern. Olivenöl in einer beschichteten
2. Eine Pfanne erhitzen, die Fischfilets darin ca. 2 - 3 Minuten auf jeder Seite. Die Gurke mit der Haut waschen und in dünne Scheiben schneiden oder in Scheiben schneiden.
3. Chinakohl waschen, putzen und in dünne Streifen schneiden.
4. Gurke, Chinakohl, Limettensaft, Chili-Hühnchen-Sauce, Orangensaft und Frühlingszwiebelringe mischen und mit Salz würzen. Die Thunfischfilets auf dem Salat anrichten und servieren.

- Zubereitungszeit 5 Minuten
- Portionen 2

Zutaten

- 2 Fischpasteten
- etwas Butter
- 2 Scheibe(n) Käse
- 2 Blatt Güner Salat
- 4 Tomatenscheiben
- 2 Burgerbrötchen
- Tartarsauce
- Ketchup
- Zwiebelringe

Vorbereitung

1. Für den schnellen Fisch-Burger die Fisch-Patties in der Pfanne anbraten – am Ende der

Bratzeit auf jedem der Fisch-Patties eine Scheibe Käse schmelzen.

2. Die Burgerbrötchen mit Remoulade bestreichen und Salat, Tomatenscheiben und Zwiebelringe darauf verteilen.

3. Auf jedes Burgerbrötchen (mit Tatar/Salat/Tomaten/Zwiebelsauce) einen Fischlaib (mit Käse) legen und mit Ketchup belegen.

4. Mit dem Burgerbrötchendeckel abschließen.

Zutaten

- 250 g Hüttenkäse
- 1/2 Bund Schnittlauch
- 1 Dose(n) Thunfisch (natur)
- Salz-
- Pfeffer
- 1 Spritzer Zitronensaft

Vorbereitung

1. Für den Hüttenfisch-Aufstrich den Schnittlauch waschen und fein hacken. Den Thunfisch zerkleinern. Den Hüttenkäse mit Schnittlauch, Thunfisch und Zitronensaft mischen.

2. Mit Salz und Pfeffer würzen.

50. Mayonnaise mit Basilikum

Zutaten

- Mayonnaise (fertig gekauft oder hausgemacht)
- ein Haufen Basilikum

Vorbereitung

1. Diese superschnelle Basilikum-Mayonnaise passt hervorragend zu Grillgut, Fish & Chips oder hausgemachten Fischstäbchen.
2. So schnell geht es natürlich nur, wenn man fertige Mayonnaise verwendet. Wenn Sie es vorziehen, Ihre eigene zu machen, finden Sie

hier ein Rezept für hausgemachte Mayonnaise.

3. Basilikum waschen und trocken schütteln.
4. Entfernen Sie die groben Stiele. Das Basilikum in einem Mixer pürieren.

FAZIT

Es kann verlockend sein, die Kalorien noch weiter zu reduzieren, um schneller abzunehmen. Eine starke Kalorienrestriktion hingegen ist schwieriger einzuhalten. Und Sie sollten dies niemals ohne vorherige Rücksprache mit Ihrem Arzt versuchen. Sie könnten unterernährt werden. Darüber hinaus zeigen Studien, dass Menschen, die die Kalorien zu stark einschränken und zu schnell abnehmen, in der Regel das verlorene Gewicht wieder zunehmen.

Ärzte empfehlen, dass Frauen nicht weniger als 1.200 Gesamtkalorien pro Tag zu sich nehmen. Männer sollten nicht weniger als 1.800 Kalorien pro Tag zu sich nehmen.

kalorienarme Diät zum Gewichtsverlust

50 köstliche Rezepte, um die Kontrolle über Ihre Gesundheit und Ihr Gewicht zu übernehmen

MEINRAD LARENZ

EINFÜHRUNG

Eine kalorienarme Diät ist einfach eine kalorienarme Diät. Das Menü einer solchen Diät sollte auf der Zufuhr von nicht mehr als 1500 Kalorien pro Tag basieren. Es gibt auch kalorienarme Diäten, die nur 500 Kalorien pro Tag liefern. Ist es eine gute Idee zum Abnehmen?

Eine kalorienarme, proteinreiche Ernährung

Welche Ernährung wir auch immer wählen, sie darf nicht das Risiko eines Vitamin-, Nährstoff- oder Mineralstoffmangels bergen. Es muss so zusammengesetzt sein, dass es das reibungslose Funktionieren unseres Körpers nicht stört. Sogar eine kalorienarme Ernährung, die eine erhebliche Reduzierung der täglichen Kalorien bedeutet.

Eine basische kalorienarme Ernährung muss und sollte proteinhaltig sein. Daher wird eine solche Diät oft als kalorienarme, proteinreiche Diät bezeichnet. Dieses Protein hilft uns, Fett zu verbrennen und liefert gleichzeitig Energie für alle notwendigen Prozesse, die in unserem Körper ständig ablaufen.

Natürlich darfst du in keiner Weise über Bord gehen. Protein in der Ernährung kann auch nicht zu viel sein. Leider kann ein Überschuss dieser Zutat schädlich sein. Stellen wir also sicher, dass das Protein etwa 15 Prozent ausmacht. tägliche Energiemenge. Seine wertvolle Nahrungsquelle ist mageres Fleisch, mageres Fleisch, Eier, Fisch (vorzugsweise fettig, Meer), Hülsenfrüchte, magere Milchprodukte, Magermilch und Produkte wie Getreide und Nüsse - wenn auch in geringerem Maße.

Aus der genannten Produktgruppe lohnt es sich, Milchprodukte länger in Betracht zu ziehen. Es hat eine wichtige Aufgabe, daher darf es auf keinen Fall aus unserer Ernährung gestrichen werden. Es sei denn, wir haben dafür medizinische Indikationen. Denn Milchprodukte liefern Kalzium. Und dies ist ein sehr wichtiges Element bei der Gewichtsabnahme.

Kalorienarme Ernährung - Menü

Das Wochenmenü einer kalorienarmen Ernährung muss nicht übermäßig komplex oder anspruchsvoll sein. Wir müssen keine kalorienarmen Diätprodukte in die Rezepte aufnehmen, die wir nicht mögen und die heutzutage einfach in Mode sind. Wir können die wöchentliche Ernährung auch auf eine kalorienarme Ernährung basierend auf Produkten stützen, die bekannt und beliebt sind. Die Basis sollte natürlich Gemüse und Obst sein, am besten die saisonalen. Doch nichts hindert Sie daran, selbstgemachte Tiefkühlkost zu verwenden.

Es ist wichtig zu wissen, dass der Speiseplan einer kalorienarmen Ernährung so zusammengestellt werden sollte, dass wir tagsüber nicht zu oft hungrig sind. Eine ausgewogene und auf unsere Bedürfnisse abgestimmte Ernährung soll für ein langes Sättigungsgefühl sorgen. Wir sollten kein Problem damit haben, es zu den nächsten Mahlzeiten zu schaffen.

Was sollte im Wochenmenü einer kalorienarmen Ernährung enthalten sein? Unser Speiseplan einer kalorienarmen Ernährung muss das bereits erwähnte Gemüse und Obst enthalten. Warum? Sie sind eine Quelle wertvoller Vitamine und Mineralstoffe sowie Ballaststoffe, die uns das erwartete Sättigungsgefühl vermitteln.

Während Gemüse grundsätzlich ohne Einschränkungen verzehrt werden kann, sollten wir bei Obst etwas Vorsicht walten lassen. Lass sie uns nicht mehr als zweimal am Tag essen. Tagsüber reicht ein Apfel oder eine Birne. Obst enthält viel mehr einfache Kohlenhydrate als Gemüse. Und sie sind für die Gewichtszunahme verantwortlich.

Kalorienarme Ernährung mit 500 kcal

Häufig stellen sich Fragen zu einer kalorienarmen Ernährung von 500 kcal. Dies ist kein gesunder Weg, um Gewicht zu verlieren. Sein einziges Ziel ist es, Körperfett zu reduzieren, aber eine solche Kalorienbeschränkung kann nicht alle Nährstoffe liefern, die es braucht.

Die 500 kcal Schlankheitsdiät basiert auf dem Verzehr von hauptsächlich Gemüse und proteinreichen, fettarmen Lebensmitteln. Es ist wichtig, mindestens 2 Liter Flüssigkeit pro Tag zu trinken. Hauptsächlich Wasser und Kräutertee.

Es stimmt, dass wir bei einer kalorienarmen Ernährung von 500 kcal sehr schnell abnehmen. Genauso einfach ist es aber auch, nach dem Abnehmen und Erreichen des Wunschgewichts schnell wieder zum alten Gewicht zurückzukehren.

Der Jojo-Effekt kommt sehr häufig vor. Typischerweise nehmen die Menschen auf diese Weise zwei Wochen lang ab, genießen etwa einen Monat lang die Diätergebnisse und nehmen dann vor dem Gewichtsverlust sehr schnell wieder an Gewicht zu.

Die kalorienarme Ernährung basiert auf folgenden Prinzipien:

- Bevor Sie mit Ihrer Diät beginnen, müssen Sie sich vorbereiten. Um dies zu tun, müssen Sie Fastentage organisieren, um nur Gemüse oder Kefir zu essen. Dadurch kann der Körper den Übergang zu einem halberlaubten Menü nicht so schmerzhaft wahrnehmen.
- Die Anzahl der Kilokalorien sollte schrittweise reduziert werden, beginnend mit 500 kcal pro Tag.
- Proteinprodukte auf der Speisekarte werden nicht gekürzt, Sie müssen nur die

Kohlenhydrataufnahme dreimal und die Fettmenge um die Hälfte reduzieren.

- Die Ernährung beschränkt sich auf Zucker, Salz und Koffein. Sie müssen auch die Wassermenge reduzieren, die Sie trinken. Während die meisten Diätprogramme hingegen empfehlen, so viel Flüssigkeit wie möglich zu trinken, erfordert eine kalorienarme Ernährung, dass Sie Ihren Körper "austrocknen", indem Sie überschüssiges Wasser aus ihm ausscheiden. Dies bedeutet jedoch nicht, dass Sie während der Diät überhaupt nicht trinken sollten.

- Das Menü basiert auf dem Verzehr von Lebensmitteln, die reich an Ballaststoffen, Proteinen und Vitaminen sind.
- Sie sollten oft essen, aber in kleinen Portionen.
- Sie sollten die vorgeschlagene Diät nicht länger als 3 Wochen einhalten.

Das hypokalorische Gewichtsverlustsystem ermöglicht es Ihnen, Stoffwechselprozesse im

Körper zu beschleunigen, den Blutzuckerspiegel zu normalisieren und das Verdauungssystem insgesamt zu verbessern. Der Körper wird von Giftstoffen gereinigt, Giftstoffe werden aus ihm freigesetzt, Fette werden abgebaut. Vor dem Hintergrund der allgemeinen Erholung stabilisiert sich der Blutdruck.

Sie können während der Diät Sport treiben, aber die Belastung sollte minimal sein. Wenn dies nicht möglich ist, können Sie einfach zu Hause gehen oder gymnastische Übungen machen.

Vor- und Nachteile einer kalorienarmen Ernährung

Zu den Vorteilen der Diät gehören:

- Der Stoffwechsel verbessert sich.
- Gewichtsverlust ist, weil Fett abgebaut wird, nicht Muskeln.
- Der Darm wird gereinigt.
- Die Muskulatur wird gestärkt.

Nachteile der Diät sind:

- Die Diät kann nur eingehalten werden, wenn die Person die ganze Zeit zu Hause ist.

Während der Arbeit ist es schwierig, dem Prinzip der Teilernährung zu folgen. Außerdem ist es nicht immer möglich, Lebensmittel mitzunehmen.

- Die Diät sollte nicht mit körperlicher Aktivität kombiniert werden, besonders intensiv.

- Das Gewicht wird nicht schnell verschwinden. Es wird nicht möglich sein, in kurzer Zeit eine große Anzahl von Kilogramm zu verlieren.

1. Gemüsecarpaccio mit Limettenvinaigrette

- Zubereitung: 15 Minuten
- Kalorien: 148 kcal

Zutaten

- Salz 100 g
- Karotten (1 kleine Karotte)
- 150 g Kohlrabi (0,5 Kohlrabi)
- 50 g Zuckerschoten
- $\frac{1}{2}$ Limette
- Pfeffer
- 1 Prise Vollrohrzucker
- $\frac{1}{2}$ TL Olivenöl

- 3 Stängel Basilikum

Vorbereitungsschritte

1. Das Salzwasser in einem großen Topf zum Kochen bringen. In der Zwischenzeit die Karotte waschen, putzen und schälen.
2. Kohlrabi putzen und schälen; Beides auf einem Gemüsehobel sehr dünn schneiden.
3. Zuckerschoten waschen und putzen, ggf. die Fäden entfernen. Große Schoten bei Bedarf halbieren.
4. Karotte, Kohlrabi und Zuckerschoten in kochendem Salzwasser 2-3 Minuten kochen (blanchieren). Abgießen, unter fließendem kaltem Wasser abspülen und gut abtropfen lassen.
5. Die Limette auspressen und den Saft in eine kleine Schüssel geben. Salz, Pfeffer und Zucker einrühren und dann das Öl einrühren.
6. Basilikum waschen, trocken schütteln, Blätter zupfen und in Streifen schneiden.
7. Das lauwarme Gemüse auf einen Teller geben, mit der Limettenvinaigrette beträufeln und mit Basilikum bestreuen.

- Zubereitung: 20 Minuten
- Kalorien: 100 kcal

Zutaten

- 125 g kleine Bio-Orange (1 kleine Bio-Orange)
- 175 g kleine rosa Grapefruit (Bio-Qualität, 1 kleine rosa Grapefruit)
- 1 getrocknete Dattel

Vorbereitungsschritte

1. Orange und Grapefruit heiß abspülen und trockenreiben.
2. Mit einem Sparschäler eine ca. 3 cm langer Schalenstreifen von beiden Früchten sehr dünn und quer in feine Streifen schneiden.

3. Orange und Grapefruit so dick schälen, dass auch die weiße Haut entfernt wird.

4. Die Fruchtfilets zwischen den Trennhäuten ausschneiden; über einer Schüssel arbeiten und den Saft auffangen.

5. Dattel der Länge nach halbieren, ggf. den Stein entfernen, das Mark in sehr feine Streifen schneiden.

6. Die Dattelstreifen mit den Fruchtfilets, der Hälfte der Schalenstreifen und dem aufgefangenen Saft in einer Schüssel mischen. 10 Minuten ziehen lassen. Auf einem Teller anrichten und mit den restlichen Schalenstreifen bestreuen.

3. Asiatischer Reissalat

- Zubereitung: 30 Minuten
- Kalorien: 314 kcal

Zutaten

- 200 g Duftreis
- Salz-
- 4 Tomaten
- 125 g Zuckerschoten
- 3 Frühlingszwiebeln
- 20 g Ingwer
- 1 Handvoll Koriandergrün
- 1 Handvoll Thai-Basilikum
- 2 EL Reisessig
- 2 EL Limettensaft
- 1 Prise Ketjap-Manis

- 4 EL Sesamöl

Vorbereitungsschritte

1. Reis in einen Topf geben und mit Wasser auffüllen, bis das Wasser den Reis 1-2 cm bedeckt. Aufkochen, vom Herd nehmen und abdecken und 15–20 Minuten quellen lassen. In ein Sieb gießen, kurz abtropfen lassen, in eine Schüssel geben und abkühlen lassen, dabei gelegentlich wenden.

2. In der Zwischenzeit die Tomaten waschen, den Strunk entfernen und das Fruchtfleisch würfeln. Zuckerschoten waschen und putzen, 1–2 Minuten in kochendem Salzwasser blanchieren, eiskalt abspülen und gut abtropfen lassen. Dann in 4 cm lange Stücke schneiden.

3. Die Frühlingszwiebeln waschen, putzen und in feine Röllchen schneiden. Ingwer schälen und fein reiben. Koriander und Basilikum waschen, trocken schütteln und die Blätter von den Stielen zupfen.

4. Kalten Reis mit Frühlingszwiebeln, Ingwer und Kräutern mischen. Eine Marinade aus Essig, Limettensaft, Ketjab Manis und Salz

unterrühren, dann das Öl einrühren und den Salat damit marinieren.

5. Auf Schüsseln verteilen und nach Belieben mit Stäbchen servieren.

4. Kann Salat mit Gurke drehen

- Zubereitung: 10 Minuten
- Kalorien: 190 kcal

Zutaten

- 3 Mai Rüben
- 1 Gurke
- 1 Frühlingszwiebel
- 2 Stängel Petersilie
- 150 g griechischer Joghurt
- 1 EL Apfelessig

- 1 TL Honig
- 1 TL Senf
- Meersalz
- Cayenne Pfeffer
- Pfeffer

Vorbereitungsschritte

1. Die Rote Bete putzen, schälen und in Scheiben schneiden. Gurken waschen, waschen und in Scheiben schneiden. Die Frühlingszwiebeln waschen, waschen und in Scheiben schneiden. Alles in eine Salatschüssel geben und vermischen.
2. Die Petersilie waschen, das Wasser abwischen und in kleine Stücke schneiden. Joghurt, Apfelessig, Honig, Senf, 2-3 EL Wasser und Dressing verrühren. Mit Salz und Cayennepfeffer würzen.
3. Salatdressing mit Rüben und Gurken mischen, ca. 10 Minuten dämpfen und mit Pfeffer mahlen.

5. Gerstensalat mit Granatapfel

- Zubereitung: 25 Minuten
- Kalorien: 263 kcal

Zutaten

- 150 g Gerste Gerste
- 1 l Gemüsebrühe
- 1 Granatapfel
- 20 g Petersilie (1 Bund)
- 30 g Pistazienkerne (2 EL)
- 1 EL Zitronensaft
- 2 EL Olivenöl
- Salz-
- Pfeffer

Vorbereitungsschritte

1. Graupen in der Gemüsebrühe zum Kochen bringen und bei mittlerer Hitze ca. 20 Minuten köcheln lassen. Anschließend in ein Sieb abgießen, mit kaltem Wasser abspülen und abtropfen lassen.

2. In der Zwischenzeit den Granatapfel halbieren und die Kerne von den Früchten entfernen. Petersilie waschen, trocken schütteln und Blätter hacken. Die Pistazien hacken.

3. Graupen mit Petersilie, Granatapfelkernen, Pistazien, Zitronensaft und Olivenöl mischen und mit Salz und Pfeffer würzen.

6. Gefüllte gelbe Paprika

- Zubereitung: 10 Minuten
- Kalorien: 203 kcal

Zutaten

- 250 g Kidneybohnen (Dose, Abtropfgewicht)
- 3 EL Mais (Dose)
- 1 Frühlingszwiebel
- 1 Stängel Zitronenmelisse
- ½ Limette
- 5 EL klassische Gemüsebrühe
- 1 EL Öl
- Salz-
- Pfeffer
- 1 Knoblauchzehe

- 400 g gelbe Paprika (2 gelbe Paprika)

Vorbereitungsschritte

1. Kidneybohnen und Mais in ein Sieb geben, kurz abspülen und abtropfen lassen. Die Frühlingszwiebeln putzen, waschen und in dünne Ringe schneiden.
2. Zitronenmelisse waschen, trocken schütteln, Blätter abzupfen. Einige kleine Blätter zum Garnieren beiseite legen, den Rest fein hacken.
3. Eine halbe Limette auspressen. 1 EL Limettensaft, Gemüsebrühe, Öl, Salz und Pfeffer zu einer Marinade verrühren. Den Knoblauch schälen und auspressen.
4. Bohnen, Mais, Frühlingszwiebel, fein gehackte Zitronenmelisse und die Marinade in einer Schüssel mischen.
5. Paprika waschen, trocken tupfen und mit dem Stiel längs halbieren. Kerne und weiße Teile entfernen, nach Belieben noch einmal waschen.
6. Bohnen-Mais-Salat mit restlichem Limettensaft, Salz und Pfeffer würzen. In die Paprikahälften gießen und mit den Zitronenmelissenblättern garnieren.

- Zubereitung: 20 Minuten
- Kalorien: 91 kcal

Zutaten

- 1 kleine rote Zwiebel
- 125 g kleine Orangen (1 kleine Orange)
- 1 EL Sojasauce
- $\frac{1}{2}$ TL Honig
- Salz-
- Pfeffer
- $\frac{1}{2}$ TL Olivenöl
- 20 g Rucola (0,25 Bund)

Vorbereitungsschritte

1. Zwiebel schälen, halbieren und in sehr dünne Spalten schneiden.
2. Die Orange schälen, damit auch die weiße Haut entfernt wird. Die Filets zwischen den Separatoren herausschneiden und den Saft in einer Schüssel auffangen.
3. Sojasauce und Honig in den aufgefangenen Orangensaft mischen. Salzen, pfeffern und das Olivenöl darüber schlagen.
4. Orangenfilets und Zwiebelspalten vorsichtig mit der Sauce mischen.
5. Rucola waschen, putzen, trocken schütteln, hacken und über den Orangen-Zwiebel-Salat streuen.

- Zubereitung: 15 Minuten
- Kalorien: 100 kcal

Zutaten

- 250 g kleine Orangen (2 kleine Orangen)
- 120 g reife Feige (2 reife Feigen)
- 2 Zweige Zitronenthymian
- 10 g Manchego (1 Stück)
- Pfeffer aus der Mühle

Vorbereitungsschritte

1. Die Orangen schälen, sodass auch die gesamte weiße Haut entfernt wird.
2. Die Orangenfruchtfilets zwischen den Trennhäuten über einer Schüssel mit einem scharfen, kleinen Messer ausschneiden.

141

3. Feigen waschen, putzen und in Spalten schneiden. In einer zweiten Schüssel vorsichtig mit den Orangenfruchtfilets mischen.

4. Zitronenthymian waschen und trocken schütteln. Blätter zupfen und fein hacken. Mit den Früchten mischen und 5 Minuten ziehen lassen.

5. In der Zwischenzeit den Manchego mit einem Sparschäler in hauchdünne Streifen schneiden. Etwas Pfeffer direkt aus der Mühle auf den Feigensalat mahlen, den Käse darauf anrichten und servieren.

- Zubereitung: 20 Minuten
- Kalorien: 94 kcal

Zutaten

- 200 g grüner Spargel
- ½ TL Olivenöl
- Salz-
- Pfeffer
- ½ Limette
- 100 ml mediterrane Gemüsebrühe
- ½ TL Senf
- 120 g mittelgroße Tomaten (2 mittelgroße Tomaten)

Vorbereitungsschritte

1. Spargel waschen. Schneiden Sie die Holzkanten ab, schälen Sie das untere Drittel der Stange und schneiden Sie den Spargel schräg.
2. Das Öl in einer beschichteten Pfanne leicht erhitzen. Den Spargel darin etwa 8 Minuten braten, dabei gelegentlich wenden, bis er goldbraun wird. Passen Sie den Geschmack mit Salz und Pfeffer an.
3. Die Hälfte der Limette auspressen und den Saft in eine kleine Schüssel geben. Brühe und Senf dazugeben und mit einem Löffel oder Schneebesen verrühren.
4. Die Tomaten waschen, in 4 gleiche Teile teilen, die Stiele abschneiden und das Fruchtfleisch würfeln. Seine Tomatenwürfel in die Suppe geben. Spargel mit Tomatenvinaigrette servieren.

- Zubereitung: 15 Minuten
- Kalorien: 217 kcal

Zutaten

- 300 g kleine, reife Mango (1 kleine, reife Mango)
- 4 Stängel Schnittlauch
- 1 Stängel Basilikum
- $\frac{1}{2}$ Bio-Zitrone
- Pfeffer aus der Mühle
- 10 g Schafskäse (9% absolutes Fett)

Vorbereitungsschritte

1. Mango waschen, trockenreiben und mit einem Sparschäler schälen. Das Fruchtfleisch vom Stein in dicke Scheiben schneiden, würfeln und in eine Schüssel geben.

2. Kräuter waschen und trocken schütteln. Schnittlauch in Rollen schneiden. Basilikumblätter zupfen, einige beiseite legen und den Rest in feine Streifen schneiden.

3. Zitrone auspressen, Saft mit Schnittlauch und Basilikumstreifen zu den Mangowürfeln geben. Mit Pfeffer würzen und 10 Minuten ziehen lassen.

4. Servieren Sie den Mangosalat. Den Schafskäse mit Küchenpapier trocken tupfen und mit den Fingern über den Salat bröseln. Mit Basilikumblättern garnieren.

11. Brunnenkresse-Smoothie

- Zubereitung: 15 Minuten
- Kalorien: 40 kcal

Zutaten

- 150 g Brunnenkresse
- 1 kleine Zwiebel
- ½ Gurke
- 1 EL Zitronensaft
- 200 ml Mineralwasser
- Salz-
- Pfeffer
- 4 EL zerstoßenes Eis

Vorbereitungsschritte

1. Brunnenkresse waschen und trocken schleudern. Einige Blätter zum Garnieren beiseite legen.
2. Zwiebel schälen und in kleine Würfel schneiden. Gurkenhälften waschen, längs halbieren und das Mark in sehr kleine Würfel schneiden. 4 EL Gurkenwürfel beiseite stellen.
3. Restliche Gurkenwürfel mit Kresse, Zwiebelwürfeln, Zitronensaft, Mineralwasser und Eis in einem Mixer fein pürieren.
4. Den Smoothie mit Salz und Pfeffer würzen, in 2 Gläser füllen und mit den beiseite gestellten Gurkenwürfeln und Kresseblättern bestreuen.

- Zubereitung: 5 Minuten
- Kalorien: 54 kcal

Zutaten

- 1 Stängel glatte Petersilie
- $\frac{1}{2}$ TL Leinöl (Lebensmittelgruppe)
- 100 ml Karottensaft
- 50 ml Selleriesaft
- 100 ml Spinatsaft
- Eiswürfel

Vorbereitungsschritte

1. Petersilie waschen, trocken schütteln, die Blätter abzupfen und fein hacken. Auf einen Teller legen.

2. Den Rand eines Glases mit Leinöl bestreichen und Petersilie eindrücken.
3. Karotten-, Sellerie- und Spinatsaft mit Eiswürfeln in einem hohen Behälter mischen und vorsichtig in das Glas gießen.

- Zubereitung: 15 Minuten
- Kalorien: 105 kcal

Zutaten

- 150 g Spinat
- 2 Handvoll gemischte Kräuter (zB Kerbel, Minze, Estragon, Petersilie)
- 2 Äpfel
- 1 Orange
- 1 TL Olivenöl
- 500 ml Mineralwasser

Vorbereitungsschritte

1. Spinat und Kräuter putzen, waschen und trocken schleudern. Einige Kräuter beiseite

legen. Äpfel waschen, schälen, entkernen und in große Stücke schneiden. Drücken Sie die Orange aus.

2. Spinat, Kräuter, Apfelstücke und Orangensaft in einem Mixer pürieren. Öl hinzufügen und mit Wasser auffüllen. Nochmals schaumig rühren und das Getränk in 4 Gläser füllen. Sofort mit Strohhalmen und den restlichen Kräutern als Garnitur servieren.

14. Gurkengetränk mit Wasabi

- Zubereitung: 15 Minuten
- Kalorien: 50 kcal

Zutaten

- 4 Stängel Dill
- 100 g Gurke (1 Stück)
- Meersalz
- 1 TL Wasabipaste
- Weißer Pfeffer
- 50 ml Milch (1,5% Fett) (eiskalt)

Vorbereitungsschritte

1. Dill waschen, trocken schütteln, Spitzen fein hacken. Gurke waschen und trocken tupfen.
2. Von der Gurke ein mundgerechtes Stück abschneiden und der Länge nach mit eng

beieinander liegenden Scheiben auf 2/3 der Länge schneiden. Etwas auffächern und auf einen Holzspieß stecken.

3. Den Rest der Gurke schälen, würfeln und mit Dill und etwas Salz fein pürieren. Anschließend die Gurkenmischung durch ein mit einem Tuch ausgelegtes Sieb passieren.

4. Die gesammelte Gurkenflüssigkeit mit Wasabipaste, Pfeffer und Milch mischen, mit Salz abschmecken und in ein Glas gießen. Mit dem Gurkenspieß garniert servieren.

15. Molke- und Gurkengetränk

Zutaten

- Gurke
- 500 ml Molke
- Salz-
- Pfeffer aus der Mühle
- einige Spritzer Tabasco
- etwas Zitronensaft
- 1 Kastenkresse
- 1 Bund Dill

Vorbereitungsschritte

1. Gurke abspülen und einige Scheiben zum Garnieren schneiden. Den Rest der Gurke schälen und in Stücke schneiden. In einem hohen Rührbecher pürieren. Nach und nach

die Molke untermischen. Mit Salz, Pfeffer, Tabasco und Zitronensaft abschmecken.

2. Die Kresse abschneiden. Dill abspülen (etwas zum Garnieren entfernen), trocken schütteln und grob hacken. Kresse und Dill zur Gurken-Molke-Mischung geben und nochmals kurz verrühren. In Gläser füllen und mit Gurke und Dill garniert servieren.

Zutaten

- 375 ml Buttermilch
- 300 g tk - Stachelbeeren
- Sambal Oelek
- Töpfchen Minze
- Schale einer halben Zitrone
- 2-3 Teelöffel Rohzucker
- Salz-
- Stachelbeeren und Minze nach Belieben

Vorbereitungsschritte

1. Buttermilch, Stachelbeeren und Sambal in einen Mixer geben. Die Minzblätter von den Stielen zupfen. Zusammen mit der

Zitronenschale und dem Saft in den Mixer geben.

2. Mischen Sie alles zuerst auf Intervallstufe, dann kräftig auf höchster Stufe. Mit Zucker und einer Prise Salz abschmecken. Sofort in Gläser füllen und nach Belieben mit Stachelbeeren und Minze garniert servieren.

17. Gurken-Smoothie

- Zubereitung: 10 Minuten
- Kalorien: 85 kcal

Zutaten

- 1 Stück Gurke ca. 200 g
- 1 Schalotte
- 1 EL gehackte Dillspitzen
- 150 g Joghurt
- 70 ml kalte Milch
- Salz-
- schwarzer Pfeffer
- Tabasco
- 2 Spritzer Worcestersauce
- Minze zum Garnieren

Vorbereitungsschritte

1. Gurke waschen, schälen und hacken. Die Schalotte schälen und hacken und mit Gurke, Dill, Joghurt und Milch in den Mixer geben und alles fein pürieren. Mit Salz, Pfeffer, Tabasco und Worcestershiresauce würzen und alles kurz vermischen.
2. Zum Servieren in zwei Gläser füllen und mit Minzblättern garnieren.

18. Tomaten-Smoothie

- Zubereitung: 15 Minuten
- Kalorien: 51 kcal

Zutaten

- 2 Tomaten
- 1 rote Zwiebel
- 1 rote scharfe Paprika
- 400 ml Tomatensaft
- 250 ml Buttermilch
- 1 EL Worcestersauce
- Salz-
- Pfeffer
- Tabasco
- Basilikum zum Garnieren

Vorbereitungsschritte

1. Tomaten waschen, Stielansatz herausschneiden und würfeln. Die Zwiebel schälen und hacken. Paprika entkernen und ebenfalls in kleine Würfel schneiden.

2. Etwa die Hälfte der Tomaten-, Zwiebel- und Paprikawürfel mischen und beiseite stellen. Restliches Gemüse mit Tomatensaft und Buttermilch in einem Mixer fein pürieren. Bei Bedarf etwas kaltes Wasser bis zur gewünschten Konsistenz hinzufügen.

3. Mit Worcestershiresauce, Salz, Pfeffer und ein paar Tropfen Tabasco abschmecken. Zum Servieren z. B. in Schraubgläser füllen und mit den restlichen Gemüsewürfeln und gewaschenen Basilikumblättern garnieren.

19. Buchweizen-Tee-Smoothies

Zutaten

- 1 EL Buchweizenkraut
- 1 Handvoll Spinat
- 1 Handvoll Radieschensprossen
- 1 Apfel
- 1 Banane
- 1 TL brauner Zucker
- $\frac{1}{2}$ Zitronensaft
- 1 Rettich

Vorbereitungsschritte

1. Buchweizenkraut in 250 ml kochendes Wasser geben, 3 Minuten kochen, vom Herd nehmen, 10 Minuten ziehen lassen, dann durch ein Sieb gießen und abkühlen lassen. Spinat

und Sprossen abspülen und abtropfen lassen. Den Apfel waschen, vierteln und das Kerngehäuse herausschneiden. Die Banane schälen und in Scheiben schneiden. Mit den Apfelstücken, Spinat, Sprossen (bis auf wenige zum Garnieren), Zucker, Zitronensaft und Tee in einen Mixer geben. Fein pürieren und kaltes Wasser (ca. 250 ml) in die gewünschte Konsistenz gießen. Gießen Sie das Getränk in Gläser.

2. Die Radieschen waschen und putzen, fein meißeln, über die Getränke streuen und mit den restlichen Sprossen garniert servieren.

Zutaten

- 100 g Babyspinat
- 20 g Grünkohl (1 Handvoll)
- 1 Apfel
- 20 g Ingwer (1 Stück)
- 4 Stängel Minze
- 2 EL Limettensaft
- 30 g zarte Haferflocken (2 EL)

Vorbereitungsschritte

1. Spinat und Grünkohl putzen, waschen und schütteln. Apfel putzen, waschen, entkernen und in kleine Würfel schneiden. Ingwer schälen und in kleine Stücke schneiden. Minze

waschen, trocken schütteln und die Blätter zupfen.

2. 400 ml Wasser, Limettensaft, 1 $\frac{1}{2}$ EL Haferflocken, Apfel, Ingwer, Spinat, Kohl und die Hälfte der Minzeblätter in einen Mixer geben. Alles zusammen sehr fein pürieren. Den Smoothie in 4 Gläser füllen, mit den restlichen Haferflocken bestreuen und mit den restlichen Minzblättern servieren.

Zutaten

- 20 g Brennnessel
- 20 g Babyspinat
- 1 Stück Passionsfrucht
- 1 Stk. Orange
- 1 Banane
- 2 Äpfel
- Eiswürfel (nach Geschmack)
- Wasser (nach Geschmack)

Vorbereitung

1. Bereiten Sie die Früchte und Salate für den Detox-Sommergarten-Smoothie zu (je nach Sorte sortieren, waschen, schälen, auspressen, entkernen und hacken – je nach Mixerleistung).

2. Alles zusammen in einen Mixer geben und pürieren, bis die gewünschte Konsistenz erreicht ist. Je nach Wassermenge wird der Smoothie dicker oder dünner.

- Kochzeit 5 bis 15 Minuten
- Portionen 1

Zutaten

- 1/8 Kopf Rotkohl
- 2 Äpfel
- 2 EL Powidl

Vorbereitung

1. Für den Herbst-Smoothie ein Achtel des Rotkohls herausschneiden, den restlichen Kohl anderweitig verwenden. Von der Rotkohlspalte den Strunk wegschneiden.

2. Die Äpfel entkernen, die Schale kann dran bleiben. Rotkohl und Äpfel im Smoothie-Maker fein glätten, das Powidl dazugeben und schnell trinken.

23. Roter Smoothie

Zutaten

- 1/4 Ananas
- 1/2 Bund Petersilie
- 1 Apfel
- 1 Tasse Himbeeren (frisch oder gefroren)
- 100 ml Wasser (nach Bedarf)

Vorbereitung

1. Für den roten Smoothie zunächst die Ananas schälen und in kleine Stücke schneiden.

2. Schneiden Sie den Apfel und hacken Sie die Petersilie. Alle Zutaten in einen Standmixer geben. Fügen Sie nach Bedarf Wasser hinzu. Alles gut vermischen.

3. Den roten Smoothie in ein Glas geben und servieren.

Zutaten

- 1 Avocado (reif)
- 1/2 Limette (Saft)
- 1 Apfel (grün)
- 1 Stück Ingwer (die Größe eines Daumennagels)
- 1/2 Gurke
- 2 Zweig(e) Minze

Vorbereitung

1. Für den Avocado-Ingwer-Smoothie zuerst die Avocado schälen und das Kerngehäuse entfernen. Sofort mit dem Limettensaft vermischen. Den Apfel entkernen, schälen und grob in Stücke schneiden und zur

Avocado geben. Ingwer und Gurke schälen und ebenfalls dazugeben.

2. Alle Zutaten gut vermischen. Wenn Sie möchten, können Sie ein paar Eiswürfel hinzufügen. Den Avocado-Ingwer-Smoothie mit Minzzweigen garnieren und sofort servieren.

- Vorbereitung:15 Minuten
- Portionen 4

Zutaten

- 100 g Erbsen (frisch geschält oder gefroren)
- 25 g Brunnenkresse
- 10 g Kapuzinerkresse
- 100 g Babyspinat
- 10 g Kräuter (Petersilie, Basilikum)
- 500 ml Gemüsebrühe
- 2 EL Olivenöl
- 30 g Weizengras (Pulver; 3 EL)
- 2 TL Zitronensaft
- Salz-

- Pfeffer
- Muskatnuss
- 40 g getrocknete Gojibeeren (4 EL)

Vorbereitungsschritte

1. Die Erbsen 5–8 Minuten in kochendes Wasser legen. Anschließend in kaltem Wasser abspülen und abtropfen lassen.
2. In der Zwischenzeit Wasserkresse, Kapuzinerkresse, Spinat und Kräuter waschen, trocken schütteln, einige der beiden Kressesorten zum Garnieren beiseite legen; den Rest grob schneiden.
3. Alles mit den Erbsen fein pürieren, ca. 300 ml Gemüsebrühe und Öl in einen Mixer geben.
4. Den Smoothie mit der restlichen Brühe auf die gewünschte Konsistenz verdünnen. Weizengraspulver einrühren und alles mit Zitronensaft, Salz, Pfeffer und einer Prise frisch geriebener Muskatnuss würzen. Den Smoothie in Schalen aufteilen, mit der restlichen Brunnenkresse, Kapuzinerkresse und Gojibeeren bestreuen.

26. Ananas-Buttermilch-Smoothie

Zutaten

- 1 reife Ananas
- 6 Stängel Minze
- 500 ml Buttermilch (kalt)
- 30 g Agavendicksaft (2 EL)

Vorbereitungsschritte

1. Ananas schälen, Blätter und Stielende abschneiden. Ananas vierteln, den Strunk entfernen und das Fruchtfleisch in kleine Stücke schneiden.
2. Minze waschen und trocken schütteln. Blätter von 2 Stielen zupfen und mit Ananas,

Buttermilch und Agavendicksaft im Mixer fein pürieren.

3. Den Smoothie in 6 Gläser füllen und mit der restlichen Minze garnieren und sofort servieren.

- Kochzeit 30 bis 60 min
- Portionen 1

Zutaten

- 6 Stk. Orange
- 2 Zweig(e) Salbei
- 3 cm Ingwer
- 1/2 Schote(n) Chili

Vorbereitung

1. Für den Detox Hot Orange Drink zuerst den Detox Sud zubereiten. Wählen Sie dazu den Salbei aus und waschen Sie ihn, schälen Sie die Blätter. Ingwer waschen, schälen und nach Belieben würfeln.

2. Salbei und Ingwer in einen Topf geben. Nur wenig mit Wasser bedecken, einmal aufkochen. Den Stiel der Chilischote entfernen und längs aufschneiden.

3. Die Chili in Würfel / Stücke schneiden und die Chilischote in den Sud geben. 2 Minuten köcheln lassen. Dann abseihen und abkühlen lassen. Orangen auspressen und den Saft in ein Trinkglas geben.

4. Das Chili-Ingwer-Gebräu dazugeben, umrühren und den Detox Hot Orange Drink genießen.

Zutaten

- 300 g kleine grüne Paprika (2 kleine grüne Paprika)
- 5 Frühlingszwiebeln
- 200 g Sellerie (2 Stangen)
- 200 g Gurke (1 Stück)
- 200 g Brokkoli
- 12. kleine Tomaten
- 2 Prisen Salz
- grün tabasco nach belieben

Vorbereitungsschritte

1. Paprika halbieren, entkernen, waschen und in große Stücke schneiden.
2. Frühlingszwiebeln putzen und waschen. Sellerie putzen und waschen und ggf. Fäden entfernen.

3. Gurkenstück gründlich waschen, trockenreiben und in Stücke schneiden.

4. Brokkoli putzen, waschen und in Röschen teilen. Tomaten waschen, 4 Tomaten zum Garnieren beiseite legen.

5. Restliche Tomaten mit Paprika, Frühlingszwiebeln, Sellerie, Gurke und Brokkoli in einem Entsafter auspressen. Mit Salz und grünem Tabasco abschmecken, mit Eiswürfeln in Gläser füllen und mit den beiseite gestellten Tomaten garnieren.

Zutaten

- 10 Salatblätter (Batavia)
- 50 g Rucola
- 4 Minigurken
- 1 Banane
- 1 Kiwi
- 200 ml Birnen- und Apfelsaft

Vorbereitung

1. Salat, Birne und Gurke waschen. Den Kern der Birne entfernen. Reinigen Sie den Salat bei Bedarf.
2. Kiwi und Banane schälen und alles in kleine Stücke schneiden.
3. In einem Smoothie-Maker oder Mixer das Obst und Gemüse zusammen mit dem Saft fein pürieren.

4. Trinken Sie den Smoothie so schnell wie möglich (bis dahin im Kühlschrank aufbewahren).

Zutaten

- 2 Handvoll Erdbeeren (vollreif)
- 1 Zweig (e) Basilikum (griechisches oder Zitronenbasilikum)
- 1 Teelöffel Walnussöl
- Honig (oder Zucker zum Süßen; nach Bedarf)
- 1 Tasse Schafsjoghurt (alternativ griechischer Joghurt)
- Walnüsse (zum Bestreuen; optional)
- Basilikumblüten (zum Garnieren)

Vorbereitung

1. Für den Erdbeer-Joghurt-Smoothie zuerst die Erdbeeren mit Honig und Walnussöl und den Basilikumblättern in einem Smoothie-Mixer schaumig schlagen.
2. Dieses Beerenmousse auf zwei Gläser verteilen. Den Joghurt vorsichtig mit einem Löffel darauf stapeln.
3. Wer mag, kann die nussige Komponente mit gehackten Walnüssen verstärken. Den Erdbeer-Joghurt-Smoothie mit einer Basilikumblüte garnieren.

31. Tomatensuppe nach italienischer Art

Zutaten

- 400 g Tomaten (5 Tomaten)
- ½ Zwiebel
- 1 Knoblauchzehe
- 2 EL Olivenöl
- 1 TL Oregano
- 100 ml Gemüsebrühe
- 1 TL Tomatenmark
- 1 Lorbeerblatt
- Salz-
- Pfeffer
- 2 Stängel Basilikum

- ½ TL Balsamico-Essig

Vorbereitungsschritte

1. Tomaten mit heißem Wasser überbrühen, mit kaltem Wasser abspülen, schälen, halbieren und das Fruchtfleisch in Würfel schneiden.

2. Zwiebel und Knoblauch schälen und fein hacken. 1 Esslöffel Öl in einem Topf erhitzen. Die Zwiebeln und den Knoblauch glasig dünsten. Oregano hinzufügen. Tomaten und Tomatenmark einrühren. Mit Gemüsebrühe aufgießen und Lorbeerblatt, Salz und Pfeffer hinzufügen. Die Suppe zum Kochen bringen und zugedeckt etwa 5 Minuten köcheln lassen.

3. Basilikum waschen und trocken schütteln. Die Blätter in feine Streifen schneiden.

4. Lorbeerblatt entfernen, Suppe mit einem Stabmixer pürieren, dann mit Balsamico-Essig würzen. Das gehackte Basilikum darüberstreuen und in einer Portion untermischen. Das restliche Olivenöl über die Suppe träufeln und sofort servieren.

32. Karotten- und Pastinakencremesuppe

Zutaten

- 10 g Ingwer (1 Stück)
- 500 g Karotten (4 Karotten)
- 400 g Pastinaken
- 1 EL Olivenöl
- 850 ml Gemüsebrühe
- 1 TL Kurkumapulver
- ½ TL gemahlener Koriander
- Jodsalz mit Fluorid
- Pfeffer
- 120 ml Mandelküche oder ein anderer pflanzlicher Sahneersatz
- 30 g Haselnusskerne (2 EL)
- 10 g Petersilie (0,5 Bund)

Vorbereitungsschritte

1. Ingwer schälen und würfeln. Karotten und Pastinaken putzen, schälen und hacken.
2. Öl in einem Topf erhitzen. Ingwer und Gemüse darin 3 Minuten bei mittlerer Hitze anbraten. Mit der Brühe aufgießen, mit Kurkuma, Koriander, Salz und Pfeffer würzen und 15 Minuten bei schwacher Hitze köcheln lassen. Anschließend mit einem Stabmixer pürieren. Mandelkuchen einrühren.
3. In der Zwischenzeit die Nüsse in einer heißen Pfanne ohne Fett bei mittlerer Hitze 3 Minuten rösten; dann grob hacken. Petersilie waschen, trocken schütteln und die Blätter hacken. Die Suppe in Schalen anrichten und mit Nüssen und Petersilie bestreut servieren.

33. Bunte Pizzasuppe

Zutaten

- 1 kleine Zwiebel
- 1 Knoblauchzehe
- 125 g Champignons
- 2 EL Olivenöl
- 125 g Hackfleisch
- Salz-
- Pfeffer
- 1 TL getrockneter Oregano
- 250 g passierte Tomaten (Glas)
- 300 ml Gemüsebrühe
- 50 g Frischkäse (2 EL; 45% Fett in Trockenmasse)
- 1 gelbe Paprika (150 g)
- 10 g Rucola (1 Handvoll)

- 20 g Parmesan am Stück (30% Fett in Trockenmasse)

Vorbereitungsschritte

1. Zwiebel und Knoblauch schälen und hacken. Die Champignons putzen und vierteln.

2. 1 Esslöffel Öl in einem Topf erhitzen. Das Hackfleisch darin bei starker Hitze 3-4 Minuten braten. Zwiebel, Knoblauch und Champignons zugeben und 5 Minuten bei mittlerer Hitze anbraten. Mit Salz, Pfeffer und Oregano würzen.

3. Tomaten und Brühe angießen, Frischkäse einrühren und 10 Minuten köcheln lassen.

4. In der Zwischenzeit die Paprika waschen, halbieren, entkernen und in kleine Würfel schneiden. Rucola waschen, trocken schleudern, sehr fein hacken, mit dem restlichen Öl vermischen und mit Salz und Pfeffer würzen. Den Parmesan in Scheiben schneiden.

5. Paprikawürfel in die Suppe geben und einrühren. Die Pizzasuppe in eine Schüssel geben, mit Rucola beträufeln und den Parmesan darüber geben.

34. kalte Gurkensuppe

Zutaten

- 1 Gurke
- etwas Knoblauch (zerdrückt)
- 3 EL Balsamico-Essig (weiß)
- etwas Dill (gehackt)
- 100 ml Rindsuppe (kalt)
- 100 ml Buttermilch
- 250 g Joghurt
- Salz-
- Pfeffer
- Olivenöl

Vorbereitung

1. Gurke waschen und in große Stücke schneiden. Mit Salz, zerdrücktem Knoblauch und Balsamico-Essig einige Minuten marinieren.

2. Dill, kalte Rindfleischsuppe, Buttermilch und Joghurt dazugeben und alles mit dem Stabmixer pürieren. Durch ein Sieb streichen.

3. Mit Salz und Pfeffer abschmecken. In gekühlte tiefe Teller füllen und bei Bedarf mit etwas Olivenöl beträufeln.

35. Buttermilch-Spinat-Suppe

Zutaten

- 300 g Kartoffeln (mehlig)
- 125 ml Gemüsesuppe
- 400 g Spinat
- 200 ml Buttermilch
- 3 EL Schlagsahne
- Salz-
- Pfeffer (schwarz)
- Muskatnuss, gerieben)
- 2 Scheiben Vollkornbrot

Vorbereitung

1. Die Kartoffeln schälen und würfeln. Spinat waschen und in große Stücke schneiden oder zupfen.
2. Die Gemüsesuppe zum Kochen bringen und die Kartoffeln darin weich kochen.

3. Den Spinat hinzufügen und ziehen lassen, bis er zusammenfällt.

4. Dann pürieren und Schlagsahne und Buttermilch hinzufügen. Würzen und wieder erhitzen, aber nicht aufkochen.

5. Das Vollkornbrot dazu anrichten und servieren.

37. Hühnersuppe

Zutaten

- 1/2 Suppenhuhn (aufgeschnitten, mit Hühnern und Innereien)
- 150 g Wurzeln (gereinigt, in Scheiben oder Würfel geschnitten)
- 2 Lorbeerblätter

- 4 Pfefferkörner (4-5, weiß)
- 2 1/2 Liter Wasser
- Salz-
- Muskatnuss (gerieben, nach Geschmack)

Vorbereitung

1. Das gut gewaschene, zerkleinerte Suppenhuhn, das kleine Hähnchen und die Innereien in heißem Wasser kurz anbrühen und mit kaltem Wasser servieren.

2. Wurzelgemüse und Gewürze dazugeben und alles etwa 30 Minuten weich kochen. Abgießen, Hühnerfleisch und Innereien kalt abspülen, abziehen und in kleine Stücke schneiden.

3. Reduzieren Sie die Hühnersuppe auf etwa 1 Liter, wodurch die Suppe noch kräftiger wird. Mit Salz und Muskat abschmecken.

4. Die Hühnersuppe auf heißen Tellern anrichten und nach Belieben zum Hühnchen servieren.

Zutaten

- 2 Gurken (mittel)
- 500 ml Sauerrahm (Joghurt oder Buttermilch)
- Salz-
- Pfeffer (weiß, aus der Mühle)
- Dill
- etwas Knoblauch

Für die Anzahlung:

- 12 Krebsschwänze (bis 16, frei, hochgezogen)
- Gurkenwürfel
- Tomatenwürfel
- Dillzweige

Vorbereitung

1. Für die kalte Gurkensuppe mit Flusskrebsen die Krabben garen und die Schwänze loslassen. Die Gurke schälen, entkernen und mit Sauerrahm (Joghurt oder Buttermilch) vermischen. Mit Salz, Pfeffer, Dill und etwas Knoblauch würzen. Auf vorgekühlten Tellern anrichten, Gurken- und Tomatenwürfel sowie Krabbenschwänze darauf legen und mit Dill garnieren.

39. Klare Fischsuppe mit Gemüsewürfeln

Zutaten

- 1 l Fischfond (klar, kräftig)
- 250 g Fischfiletstücke (bis 300 g, gemischt, ohne Gräten, Forelle etc.)
- 250 g Gemüse (gekocht, Blumenkohl, Lauch, Karotten usw.)
- Salz-
- etwas Pfeffer
- Safran
- etwas Wermut (eventuell trocken)
- 1 Zweig (e) Dill
- Kerbel (oder Basilikum zum Dekorieren)

Vorbereitung

1. Den fertigen Fischfond mit Salz, Pfeffer und Safran in etwas Wasser getränkt würzen und

mit einer Prise Wermut würzen. Das vorgegarte Gemüse in kleine Würfel schneiden und zusammen mit dem Fischfilet ca. 4-5 Minuten köcheln lassen. Schnell auf heißen Tellern anrichten und mit den frischen Kräutern garnieren.

40. Tomatensuppe mit geröstetem Brot

Zutaten

- 400 g Tomaten
- 1 Zwiebel
- 2 Knoblauchzehen
- 20 g Butter
- 1 TL getrockneter Rosmarin
- 1 Lorbeerblatt
- 2 EL frischer Thymian gehackt
- 400 ml Gemüsebrühe
- Zucker
- Salz-
- Pfeffer
- Schnittlauch zum Garnieren

Vorbereitungsschritte

1. Tomaten quer aufschneiden, kurz mit kochendem Wasser überbrühen, schälen, vom Stielansatz befreien und vierteln. Zwiebel und Knoblauch schälen und fein hacken. Butter in einem Topf erhitzen und Zwiebeln, Knoblauch und Tomaten kurz anbraten. Rosmarin, Lorbeerblatt und Thymian dazugeben und mit der Brühe aufgießen.
2. Suppe zugedeckt ca. 20 Minuten auf kleiner Flamme köcheln lassen, Lorbeerblatt entfernen, Suppe fein pürieren, ggf. durch ein Sieb streichen und mit Zucker, Salz und Pfeffer würzen. Die Suppe in vorgewärmte Tassen füllen und mit Schnittlauch garniert servieren.

41. Feiner Schokoladenkuchen mit Mürbeteig

Zutaten

- 185 g Dinkelvollkornmehl
- 25 g Kakaopulver stark entölt
- 1 Prise Salz
- 35 g Rohrohrzucker
- 110 g Butter
- 1 Eis
- Hülsenfrüchte zum Blindbacken
- 350 g Zartbitterschokolade 70% Kakaoanteil
- 175 ml Schlagsahne
- 2 Eigelb(e)
- Fleur de Sel zum Bestreuen

Vorbereitungsschritte

1. Das Mehl mischen und das Kakaopulver, Salz und Zucker hinzufügen. 90 g Butter und ein mittelgroßes Ei dazugeben und mit den Händen einen glatten, cremigen Teig formen. 30 Minuten mit der Plastikfolie abdecken.

2. Den Teig auf einer bemehlten Arbeitsfläche ausrollen und bei Bedarf ein Blatt Butter in der Pfanne damit auslegen. Die Hülsenfrüchte mehrmals mit einer Gabel unter den Boden halten, mit Backpapier bedecken und die Enden nach unten legen, um einen Kojoten nach Art der Hülsenfrüchte zu erhalten. Beim Backen einen vorgeheizten Lichtofen auf eine Umluft-Ofentemperatur oder Gasstufe fest stellen, 25-30 Minuten bei hoher Temperatur im Backofen für knuspriges Brot. Anschließend herausnehmen, Papier und Erdnüsse vorsichtig entfernen und abkühlen lassen.

3. In der Zwischenzeit die Schokolade grob hacken und über einem heißen Wasserbad schmelzen 2 Esslöffel herausnehmen, auf den Boden legen und mit einem Pinsel gleichmäßig

verteilen. Für das Apfelmus etwa 15 Minuten kalt stellen.

4. Die Sahne zusätzlich zum kleineren Schokoriegel in den größeren Schokoriegel geben. Zuerst das Eigelb nacheinander dazugeben und dann umrühren. Fügen Sie die restlichen Butterstücke hinzu und rühren Sie weiter. Streuen Sie die medizinische Creme über den ganzen Boden und lassen Sie sie mindestens zwei Stunden einwirken.

5. Zum Servieren mit feinstem Meersalz bestreuen.

Zutaten

- 110 g Olivenöl für die Tontöpfe
- 300 g Dinkelvollkornmehl
- 300 g Roggenvollkornmehl
- $\frac{1}{4}$ TL gemahlener Anis
- $\frac{1}{4}$ TL Fenchelpulver
- $\frac{1}{4}$ TL gemahlener Kümmel
- $\frac{1}{4}$ TL Koriander gemahlen
- 2 TL Backpulver
- 250 g Magerquark
- 180 ml Milch (3,5% Fett)
- 2 Eier
- 1 EL Salz
- 80 g gehackte Walnusskerne

Vorbereitungsschritte

1. Beide Mehlsorten in eine Schüssel mit einer Mischung aus Backpulver und Gewürzen sieben. Sobald Sie Quark zu der Mischung hinzugefügt haben, fügen Sie 150 ml Milch, Eier und 100 ml Öl und Salz hinzu. Alle Zutaten mit dem Handmixer, z.B. einem Kitchen Aid Mixer, zu einem Teig verkneten. Wenn Mehl nicht ausreicht, noch etwas Mehl hinzufügen.

2. Die Walnüsse auf ein bemehltes Backpapier legen und unter den Teig kneten. Teilen Sie den Teig in Drittel für maximale Knusprigkeit. Den Teig zu Kugeln formen, dann mit gefetteten Händen den Teig zu Kugeln formen. Tragen Sie die Sahne auf den Rest der Milch auf. In einen gut gewürzten gusseisernen Topf etwas Wasser auf den Boden geben und in den vorgeheizten Backofen mit Umluft und Gas auf Stufe 3 stellen. Nach kurzer Zeit die Hitze reduzieren und etwas länger backen, um genügend Feuchtigkeit zu gewährleisten das Fleisch.

3. Nach dem Backen den Kuchen aus dem Ofen nehmen und kurz abkühlen lassen.

43. Low Carb Haselnuss Makronen

Zutaten

- 3 Eier
- 1 TL Zitronensaft
- 100 g feines Birkenzuckerpulver (Xylit)
- $\frac{1}{2}$ Vanilleschote
- 250 g gemahlene Haselnusskerne
- $\frac{1}{2}$ TL Zimt

Vorbereitungsschritte

1. Eier trennen (andernfalls Eigelb verwenden). Das Eiweiß mit Zitronensaft in einer Schüssel mit den Schneebesen des Handrührgeräts

schaumig schlagen, nach und nach Xylit dazugießen und die Masse spitz schlagen.

2. Die Vanilleschoten senkrecht halbieren und das Fruchtfleisch mit einem Küchenmesser auskratzen. Haselnüsse mit Vanillemark und Zimt mischen und mit Schlagsahne mischen.

3. Die Masse in einen Spritzbeutel mit großem gelochtem Mundstück füllen und auf ein mit Backpapier ausgelegtes Backblech kleine Punkte ausspucken. 15-in einem auf 160 ° C vorgeheizten Ofen (Umluft 140 ° C, Gas: Einstellungen 1-2). 20 Minuten backen.

4. Herausnehmen, mit dem Backpapier vom Backblech nehmen und abkühlen lassen.

44. Vollkorn-Dinkel-Hefezopf

Zutaten

- ½ Würfel Hefe
- 300 ml Milch (1,5% Fett)
- 3 EL Honig
- 1 Ei
- 1 Prise Salz
- 550 g Dinkelvollkornmehl
- 50 g Butter bei Raumtemperatur

Vorbereitungsschritte

1. Die Hefe in der Milch auflösen. Honig, Ei und Salz einrühren.
2. Mehl einrühren. Butter einarbeiten und bei Bedarf noch etwas Mehl oder Milch dazugeben.

3. Den Teig 10 Minuten kneten und wieder in die Schüssel geben. Anschließend abgedeckt an einem warmen und zugfreien Ort ca. 45 Minuten bis zur doppelten Größe.

4. Den Teig nochmals gut durchkneten, in 3 gleich große Stücke teilen und die Stücke zu etwa 50 cm langen Rollen formen. Auf einer leicht bemehlten Arbeitsfläche daraus einen Zopf flechten. Die Enden gut zusammendrücken.

5. Vollkornhefe geflochten auf ein mit Backpapier ausgelegtes Backblech legen und zugedeckt an einem warmen, zugfreien Ort weitere Minuten gehen lassen.

6. Einen ofenfesten Behälter mit kochendem Wasser auf den Boden des Ofens stellen und den Vollkorn-Dinkel-Hefezopf im vorgeheizten Backofen bei 180 °C (Ober-/Unterhitze) ca. 40 Minuten backen. Nach etwa 20 Minuten mit einem Stück Backpapier abdecken, damit es nicht zu dunkel wird.

45. Ciabatta-Sticks mit Oliven

Zutaten

- 125 g grüne Oliven (ohne Steine)
- 125 g schwarze Oliven (ohne Steine)
- 150 g getrocknete Tomaten
- ½ Würfel Hefe
- 520 g Dinkelvollkornmehl
- ½ TL Salz
- 1 TL Honig
- 3 EL Olivenöl

Vorbereitungsschritte

1. Oliven und getrocknete Tomaten hacken. Die Hefe in 350 ml lauwarmem Wasser auflösen.

2. Die aufgelöste Hefe, 500 g Mehl, Salz und Honig mit dem Knethaken eines Handrührgeräts zu einem glatten Teig

verarbeiten. 2 EL Olivenöl einrühren, dann Oliven und Tomaten unterheben.

3. Die Schüssel mit dem Teig darin ausschütteln, Öl in die Schüssel gießen, beides vermischen, dann den Teig in der Schüssel aufgehen lassen und zum Backen wieder in den Ofen schieben.

4. Den Teig auf einer gut bemehlten Arbeitsfläche großzügig mit sehr feinem Mehl bestäuben und den Teig zu einer Scheibe formen. Weichen Sie die Bohnen anderthalb Stunden ein, geben Sie sie dann in eine Schüssel, drücken Sie das überschüssige Wasser mit den Händen aus und hacken Sie sie fein, ohne sie zu kneten, sodass sie einen Durchmesser von etwa 1/4 Zoll haben. Legen Sie die rechteckigen Stücke auf ein mit Backpapier ausgelegtes Backblech und lassen Sie zwischen den vertikalen Stücken genügend Platz. Legen Sie den backfertigen Stein tief in eine Pfanne über heißer Flamme in einen auf 200 °C vorgeheizten Backofen (Umluft 180 °C; Gas: Stufe 3).

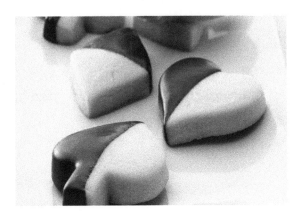

Zutaten

- 220 g Butter
- 10 ml Kandisin (flüssig)
- 1 EL Kakaopulver (ungesüßt)
- 1 Vanilleschote
- 1 Stück Ei
- 300 g Mehl
- 200 g Diabetikerkuvertüre
- 150 g diabetische Aprikosenmarmelade (oder andere Füllungen)

Vorbereitung

1. Für die Shortbread-Kekse mit Schokolade die Butter mit Kandis, Vanillemark und Kakaopulver schaumig rühren, das Ei dazugeben und das Mehl unterheben.

2. Die Masse in einen Spritzbeutel mit Lochtülle füllen und auf einem gefetteten, bemehlten Blech anrichten und bei 180 °C goldgelb backen.

3. Mit Aprikosenmarmelade anrichten und mit Kuvertüre dekorieren.

Zutaten

- 4 Eier)
- Salz-
- Pfeffer
- 200 g Käse (Ziegenkäse)
- 2 EL Basilikum (grob gehackt)
- 60 g Butter

Vorbereitung

1. Für das Ziegenkäseomelett die Eier in einer Schüssel verquirlen, mit Salz und Pfeffer würzen und alles gut verquirlen. Den Ziegenkäse in Würfel schneiden und mit den Eiern zusammen mit dem frisch gehackten Basilikum vermischen.

2. Die Hälfte der Butter in einer Pfanne erhitzen, die Hälfte der Eimasse einfüllen und die Pfanne schwenken, damit sich die Masse gleichmäßig verteilt. Reduzieren Sie die Hitze etwas. Das Omelett langsam fest werden lassen, in der Mitte zusammenklappen und auf einem vorgewärmten Teller anrichten.

3. Das zweite Ziegenkäseomelett auf die gleiche Weise zubereiten und servieren.

48. Zimtsterne mit Schokolade

Zutaten

- 75 g Butter
- 190 g Mehl
- 2 Stück Eier
- 1 EL Kandiszucker (flüssig)
- Zimt
- 1 Eigelb
- 200 g diabetische Johannisbeermarmelade (abgesiebt)
- 200 g Diabetikerschokolade

Vorbereitung

1. Für die Zimtsterne die Butter mit Mehl und den 2 Eiern zu einem glatten Teig verarbeiten. Mit KANDISIN flüssig und Zimt

würzen. 1 Stunde im Kühlschrank ruhen lassen.

2. Anschließend den Teig 3 mm dick ausrollen, mit einem Sternausstecher Kekse ausstechen und mit Eigelb bestreichen. Auf einem gefetteten Blech bei 200°C ca. 10 Minuten goldgelb backen. Die Hälfte der Sterne mit Marmelade bestreichen und zusammenlegen.

3. Die Hälfte der Zimtsterne in Diabetes-Schokolade tauchen.

Zutaten

- 1 Mürbeteig (Keksteig nach Grundrezept)
- 50 g Erdnusskerne (geröstet und gesalzen)
- 100 g dunkle Schokoladenkuvertüre
- 50 g Erdnussbutter (knusprig)
- grobes Meersalz

Vorbereitung

1. Zuerst müssen Sie das Grundrezept befolgen, um den Teig zuzubereiten. Suchen Sie unter dem Reiter 'Rezept' oder finden Sie den Link zum Rezept zur Herstellung von 'Cookie Dough' unter dem Reiter 'Produktempfehlung'.

2. Den Mürbeteig ausrollen und mit einem scharfen Messer Diamanten ausstechen. Die Rauten auf ein mit Backpapier belegtes Backblech legen und im vorgeheizten Backofen bei 180 °C (Umluft 160 °C; Gas: Stufe 2-3) 10-12 Minuten goldbraun backen. Herausnehmen und abkühlen lassen.

3. Erdnüsse grob hacken. Kuvertüre grob hacken und über einem heißen Wasserbad schmelzen. Die Hälfte der Kuvertüre herausnehmen und die Erdnüsse unterrühren.

4. Zwei Rauten mit einem Klecks Erdnuss-Kuvertüre zusammenlegen und die Erdnuss-Kekse etwas abkühlen lassen.

5. Die Rauten mit einem Klecks Kuvertüre dekorieren und mit Erdnüssen und Salz bestreuen. Die Erdnusskekse kalt stellen, bis die Kuvertüre fest geworden ist.

Zutaten

- 6 Dinkellöffel ohne Zuckerkruste
- 2 EL Zitronensaft
- 1 Blatt weiße Gelatine
- 4 EL Blaubeeren
- 1 Prise Bourbon-Vanillepulver
- 40 g Frischkäse (2 EL)
- 80 g Magerquark (4 EL)
- 1 EL Vollrohrzucker
- 30 g Schlagsahne (3 el)
- 20 g gehackte Pistazien (2 EL)

Vorbereitungsschritte

1. Biskuitfinger grob hacken und in 4 Gläser füllen. Mit etwas Zitronensaft beträufeln.

2. Heidelbeeren waschen, sortieren, putzen, gut abtropfen lassen, mit dem Vanillepulver mischen und 20 Minuten ziehen lassen.

3. Gelatine in kaltem Wasser einweichen. Frischkäse mit Quark und Vollrohrzucker verrühren, Gelatine in einem Topf bei schwacher Hitze tropfnass auflösen (nicht kochen!) und 2 EL der Käsemasse unterrühren. Die Masse wieder zum Rest der Masse gießen, glatt rühren und die Schlagsahne unterheben.

4. Zum Schluss die Blaubeeren untermischen und die Mischung auf die Löffelbiskuits gießen. Mit gehackten Pistazien bestreuen und 2 Stunden in den Kühlschrank stellen. Jeden Käsekuchen mit einem Herzkeks garnieren und sofort servieren.

FAZIT

Die kalorienarme Ernährung zeichnet sich durch eine ausgewogene Zusammensetzung aus, wobei auf der Speisekarte Proteinprodukte im Vordergrund stehen. Bei der Zusammenstellung einer Diät ist es wichtig, eine Vielzahl von Produkten zu verwenden, Sie sollten auch den Kaloriengehalt der Mahlzeiten überwachen. Um schneller Gewicht zu verlieren, müssen Sie Gymnastik machen. Wenn Sie aufgrund von Fettleibigkeit keinen aktiven Sport treiben können, können Sie einfach spazieren gehen. Die Hauptsache ist, dass die Anzahl der Kalorien die zulässige Norm nicht überschreitet.